JN104613

RE SKILL ING

新しいスキルで自分の未来を創る

リスキリング【実践編】

一般社団法人ジャパン・リスキリング・イニシアチブ代表理事
チーフ・リスキリング・オフィサー / SkyHive Technologies日本代表
後藤宗明
Muneaki Goto

日本能率協会マネジメントセンター

はじめに

はじめまして。一般社団法人ジャパン・リスキリング・イニシアチブ代表理事の後藤宗明と申します。この本を手に取ってくださって本当にありがとうございます。

唐突ですが、最初に質問をさせてください。

1. 皆さんの給与はこれから上がりますか?

2. 現在のスキルだけで、これからも通用しますか?

3. AI時代、皆さんの仕事はこれからもそのまま残りますか?

これらの質問に対してすべて答えが「YES」という方はリスキリングは不要です。しかし、一つでもNOがある方は、今ここで覚悟を決めてリスキリングに取り組むべきです。それは今後の可能性を広げ選択肢を増やすからです。リスキリングに取り組む皆さんに、ぜひこの本を読んでいただき、お役に立てていただけたらとても嬉しいです。

２０２２年10月に上梓した拙著『自分のスキルをアップデートし続けるリスキリング』を読んでくださった皆さま、第２弾である本書でまたお目にかかることができ、とても光栄です。おかげさまで前作は発売以来、大変多くの方に読んでいただくことができました。

多くの読者の方から、

「リスキリングに対して誤解をしていたけど、本当の意味が分かった」
「やる気のない毎日を送っていたけど、このままではいけないと気づいた」
「リスキリングをしないと、ビジネスパーソンとしてこれから生き残れないと気づいた」

といった感想をいただきました。

リスキリングを日本で広める活動を２０１８年から開始し、何より嬉しいのは、自分の人生に悲嘆して諦めかけていた40代から始めたデジタル分野の10年間のリスキリング経験やスキルが、50歳を超えてこれから世の中で役に立つことができるんだという想い、新たな希望をもたらしてくれたことでした。

前作を執筆していた頃と比べると、現在ではリスキリングという言葉を多くの方に知っていただき、また本当にさまざまなお力添えをいただいて、リスキリングを日本で定着させていくための活動が広がってきています。

2021年4月に一般社団法人ジャパン・リスキリング・イニシアチブを設立して2年以上が経過し、今まで累計500件以上のお問い合わせを頂戴し、そして200件以上の講演や取材の機会をいただきました。また現在は政府向けの政策提言、地方自治体における官民連携によるリスキリング推進組織の立ち上げ、そして企業におけるリスキリング導入支援をさせていただいています。リスキリングに関心を寄せて下さる皆さま、そして具体的に広める活動をご一緒させていただいている同志、仲間の皆さまに心より感謝を申し上げます。

前作は、僕が2016年から開始した欧米におけるリスキリングの成功事例の調査や、40歳から開始した自分自身のリスキリング経験から書かせていただきました。そして本書はその第2弾として、リスキリングに取り組む皆さま向けに、具体的な事例も交えた実践編としての位置づけで、新たに書かせていただきました。

リスキリングをご自身で経験した方、また現在組織でリスキリングのプロジェクトを開始されようとしている方、そんな皆さんであればおそらく、リスキリングによって成果を上げることがどれだけ大変かを実感していらっしゃるのではないかと思います。

「Every reskilling challenge has a silver lining.」（どんなリスキリングへの挑戦にも希望の兆しがある）

本書がリスキリングを進めていく上での皆さまの良きガイド、プレイブック（作戦帳）としてお役に立つことができたら、これ以上の喜びはありません。

さあ、幾多の試練を一緒に乗り越え、リスキリングに取り組んでいきましょう！

一般社団法人ジャパン・リスキリング・イニシアチブ代表理事
チーフ・リスキリング・オフィサー
SkyHive Technologies 日本代表 後藤宗明

新しいスキルで自分の未来を創る　リスキリング【実践編】　もくじ

Reskilling

第1章 マインドセット（リスキリング準備編）

第2章　学習　077

第3章 スキル 119

第4章 職業（キャリア）

4　リスキリング後に新しい仕事に就くために

終章 リスキリングは競争から共創へ ～雇用とリスキリングの未来～ 247

章

リスキリングの現在地

～組織と個人の生存戦略～

1 日本におけるリスキリングの現状と全体像

リスキリングとは　～現状の議論から4つの視点で整理～

現在さまざまな観点からリスキリングについて議論がなされ、多くの事業者の方々がリスキリング分野の事業に参入し、また地方自治体でもリスキリングを支援する枠組みが始まろうとしています。本作のメインテーマである実践の話に入る前に、ここで日本のリスキリングの現状について俯瞰し、全体像を示せればと思います。

①リスキリングとは　～個人が自主的に取り組むものではない～

リスキリングは、「**新しいことを学び、新しいスキルを身につけ実践し、そして新しい業務や職業に就くこと**」を指します。

「リスキリング（学び直し）」という和訳の説明がつくことは徐々に減ってきていますが、前作でも指摘させていただいた通り、「学び直し」は半分正解、半分不正解の表現です。リスキリングは組織が実施責任を持ち、従業員の職業能力を再開発していくという趣旨で欧米で定着した言葉なのですが、残念ながら日本においては、個人が時間と費用を捻出して自主的に取り組む「学び直し」、リカレント教育等の「生涯学習」と混同されたまま報道され続けています。そのため、従来のキャリアップや研修と同じだと勘違いをされている方々も多くいらっしゃいます。

欧米においてリスキリングという表現がなぜ新しく使われるようになったかというと、従来のキャリアアップ等と異なる意味があるからです。

リスキリングがなぜ海外で注目されるようになったのか、それは「技術的失業」を防ぐため、です。テクノロジーの浸透による労働の自動化によってなくなっていく仕事から、新たに生まれている成長産業への労働移動を実現するため、リスキリングは注目されているのです。個人が好きなように学ぶ「学び直し」や従来のキャリアアップとは異なるものなのです。

個人の学びのレベルで終始してしまうと、その集合知がデジタルトランスフォーメーションをもたらす可能性は限りなく低いと思われます。個人の学びから突然イノベーションを創出する可能性もありますが、そういった偶然性に期待して個人の自由な学びだけに依存して放置していては日本企業の成長や競争力の向上につながらず、ひいては働く個人の給与への還元にも結びつかないのではないかと思います。

②日本におけるリスキリングの議論は4つに分類できる

現在、日本におけるリスキリングに関する議論は、４つに大別できると考えています。その４つとは、以下のようなものです。

マインドセット
学習
スキル
職業（キャリア）
（その他：年齢、給与、働き方など）

まずマインドセットについては、リスキリングに取り組む姿勢や心構え、やる気の醸成などについてのものです。次に学習については、資格取得のための学習方法、時間の捻出方法、日本人が学ばない理由など。スキルについては、今後必要となるスキル、スキルの可視化など。最後に、職業

リスキリングのプロセスと日本における議論

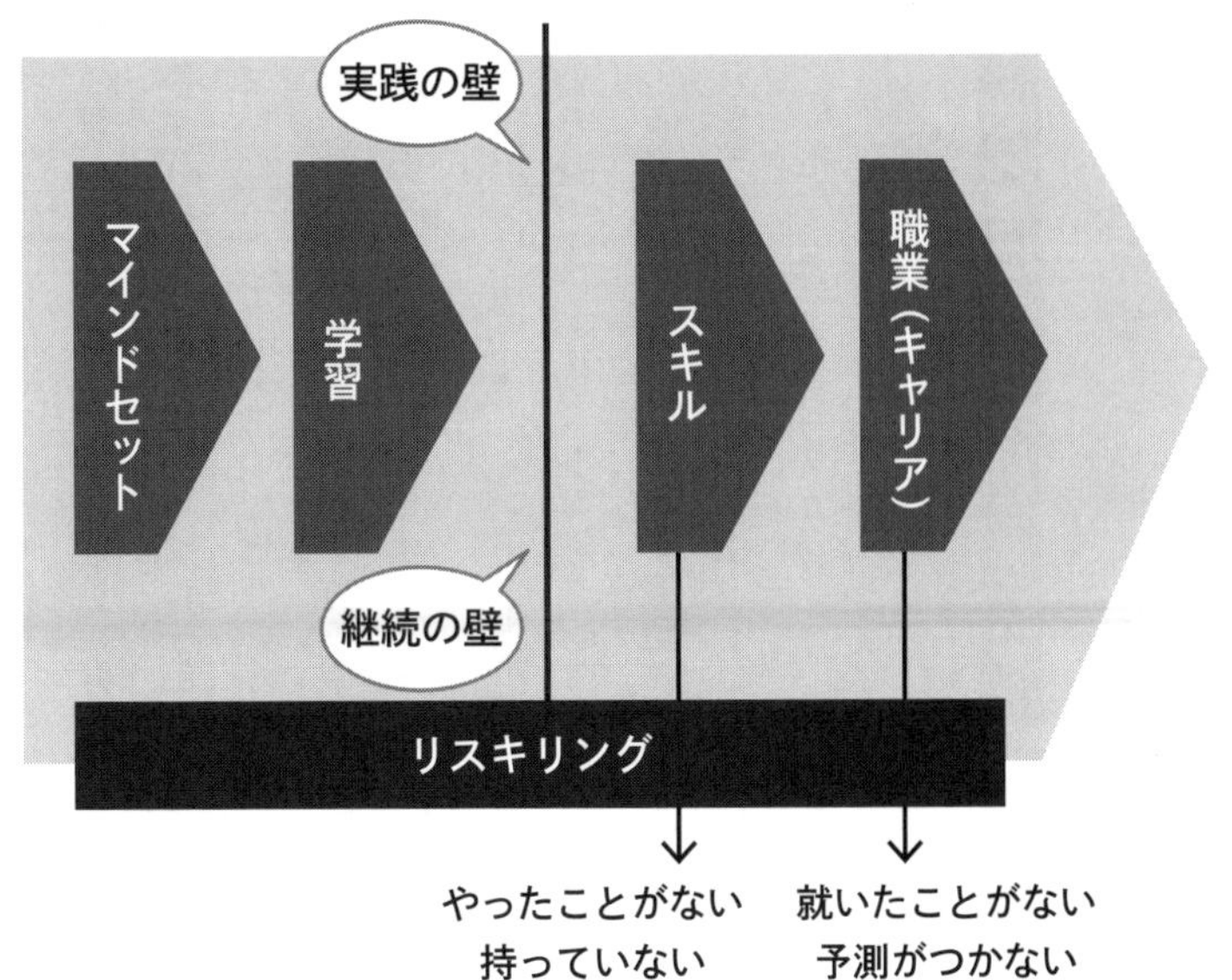

出典：一般社団法人ジャパン・リスキリング・イニシアチブ作成資料

（キャリア）については、AIに奪われない仕事、デジタル分野の職業などです。

この中で、多くの議論の対象になっているのが、最初の2つ、マインドセット、学習に関するものです。特に、「学び直し」という和訳がついてしまった背景もあり、学び方に関する議論が圧倒的に多く取り上げられているのではないでしょうか。

もちろん、リスキリングのプロセスの中で学び方はとても重要な部分を占めているのですが、実は同じくらい大切なのが、スキルと仕事に関する議論や新たな考察です。特に、なぜスキルと仕事に関する議論がなされないかの理由の一つには、リスキリング経験、特に将来の成長産業の一つであるデジタル分野への職種転換に成功した方々が日本では圧倒的に少なく、そういった方々がリスキリングに関する発信をされていないことがあるのではないかと思っています。

多くの方々がマインドセットや働き方、学習に関する有益な発信をしているのですが、デジタル分野等の成長産業におけるスキル習得方法や新たに生まれている職種に関する実体験の発信がまだまだ少ないのです。そのため、「従来の研修や転職の延長線上にある学び」とリスキリングを捉えてしまっているのです。今後、リスキリング経験のある方の発信がもっと増えて、具体的なスキル習得ノウハウや職種転換の成功体験が身近になってくると、リスキリングに関する議論がもっとバランスが取れたものになると思います。そして、さまざまなパターンの成功事例が明らかとなってリスキリングがもっと身近になり、リスキリングに取り組む方が増えてくるのではと期待しています。

③ リスキリング成功のために大切な3つのこと

リスキリングを日本において浸透させていくために、大前提として欠けている大切な3つのテーマがあります。それは、以下の3点です。

❶経営レベルでの新たな事業戦略の方向性の明示
❷AI等のデジタル分野の自動化技術を含む成長分野への理解
❸貧困・失業といった社会課題解決分野への理解や経験

まず❶ですが、リスキリングは自社の未来を担う新たな事業を推進するために必要な人材を育成していくことが目的です。そのため、経営側から新たな事業戦略の方向性が明らかにされていないと、どんな分野の、どんなスキルを身につけたら良いのか、ということが不明確なままリスキリングに取り組まなくてはならなくなります。裏を返せば❶が決まれば自社のリスキリングの方向性は決まったようなものです。

次に❷ですが、ＡＩ等の最新のデジタル技術を経営陣が理解していることが❶を決定する上での前提となります。もちろん外部環境の変化に応じて臨機応変に❶は変化させる必要がありますが、❷を理解しているかいないかは自社の今後のあり方を左右します。これからの世界がどう変化していくかをある程度予測する上で❷は必須です。

そして❸ですが、デジタル技術が進化し続けて技術的失業が加速的に進むことを防ぐためには、今後起きうる失業や貧困といった分野に対してどれだけリアリティを持って向き合えるか、本気で防ごうという意志を持てるかが鍵を握ります。そしてそれは今後私たちがどのような社会を築いていきたいのか、という将来像にも直結します。

この❶❷❸が仮にすべて揃ったと仮定して、リスキリングに取り組むとなった際に、これから紹介する４つの壁を乗り越えていく必要が出てきます。

④ ４つのカテゴリごとに異なる壁

次に、乗り越えるべき４つの壁を説明したいと思います。

①マインドセットの壁

まず、「マインドセットの壁」とは、リスキリングを進める上で最初にぶつかる壁です。

・認識の壁

リスキリングの必要性を感じない、という壁が「認識の壁」です。必要性を認識しなければ、そもそもリスキリングに関する情報等を得ようとすら思わないはずです。

この壁を突破するためには、外部環境の大きな変化が必要です。現在どれだけデジタルトランスフォーメーションが必要だと言われていても、自社の現状のビジネスモデルで儲かっていると、「自社には関係ない」と認識します。それによって従業員へのリスキリングも不要、となるわけです。

おそらくこういった場合は、競合企業が大々的にデジタル技術を使って新たなビジネスモデルや収益をつくり始める等の動きがあるまで、現状維持になってしまうでしょう。

・周囲の壁

そしてもう一つ向き合う必要があるのが、周囲からの理解や視線、いわゆる「周囲の壁」です。さまざまな相談を受けていて意外とよく聞く話が、「自分はリスキリングをしたい。しかし周囲から理解が得られない」というものです。

これにはさまざまなケースがあります。学ぶことが定着していない企業ではそもそも就業時間中に学ぶということそのものが理解を得られないようです。

「リスキリングに取り組む」ことを「意識が高い」と揶揄(やゆ)され、頑張って現在の環境を変えようと努力する人に対して圧力がかかることがあると聞きます。こうした環境下にある方の場合は、同じようにリスキリングしようという人たちを見つけて協同し、コミュニティとして支え合う仕組みが必要です。

・継続の壁

また、リスキリングに取り組みたいと感じても、さまざまな理由で継続ができないという点もあります。以前は習慣化ができていた方、習慣化は一時的にできていたが、続けられなくなってしまった方、もともと習慣化が苦手な方、さまざまなパターンがあると思います。

これはいわゆる三日坊主市場と呼ばれるダイエットや英語学習などと同じく、継続の壁に立ち止まってしまうのです。習慣化や継続方法については後述します。

②学習の壁

リスキリングを進める上で多くの方がぶつかるのが、「学習の壁」だと思います。

・意識の壁

おそらく多くの方が持つ学びに対する苦手意識、「意識の壁」が存在します。僕もそうでしたが(今もそうですが)、子どもの頃から机に向かって勉強するのが嫌でした。リスキリングの必要性はもちろん認識をしていても、いざ学ぼうとすると苦手意識が邪魔をして進まない、またなかなか成果に結びつかない、といったことが起きます。するとリスキリングの成功確率は大きく低下してしまう可能性があります。

・記憶の壁

また「学ぶこと＝受験勉強の記憶」という方も多くいらっしゃいます。特にリスキリングを進める上で大きな障害となっているのが、高校や大学受験の記憶、「記憶の壁」です。自分の行きたい大学に入れなかったなど、受験勉強に対する成功体験を持っていないことが理由で、勉強しても自分の期待する成果は上がらない、という思い込みをその時に刷り込まれてしまうのです。

今多くのメディアで「日本人は学ばない」「学ばない人たちの失業は自己責任」「学ぶことは楽しいこと」といった趣旨の記事をたくさん見かけますが、ことの問題はそんなに単純ではなく、根深いと考えています。多くの方が、学ぶことが楽しいという経験を持つことができなかった、学ぶことによる報酬（成果）が十分に得られなかった、という前提に立つならば、単純に自己責任と括れないのです。

それは受験という経験が、あくまでも定数の決まった「椅子取りゲーム」という競争の結果だからです。定数が決まっているので、勝者と敗者がいるのです。幸いなことに、そういった環境とは無縁で純粋に学ぶことが楽しいという成功体験を持っている方もいると思いますが、リスキリングを進めていくうえで学ぶことが苦手な方への配慮、支援策が必要なのです。

・時間の壁

リスキリングへの取り組みを挫折させてしまう大きな要因、それは時間捻出が難しい「時間の壁」

です。さまざまな予想外な出来事と向き合いながら働き、生活していく中で、どうしても優先順位が変わってしまい、時間が捻出できなくなって、リスキリングに取り組みたい気持ちとは裏腹に、挫折してしまうのです。

・方法の壁

最後に、自分に合った学習方法を見つけられるかどうかの「方法の壁」です。

人間は千差万別ですから、1人ひとりに合った「学び方」を見つけることができるかどうか、実はそれがリスキリングにおける学習プロセスの成否を握ります。特に現在の課題は「学ぶこと」に苦手意識を持っている方向けの方法論や選択肢が著しく欠けていることです。

特に企業内においては、「学ぶこと」に成果を出すことが難しい社員の方々への理解度が著しく低いように思います。「うちの従業員は学ばないんですよ」「学ばない従業員をどうしたら良いでしょうか」というご相談をよくうかがいます。

大切なのは、従業員1人ひとりの性格によって「学びのスタイル」を柔軟に変えていくことです。講義を聞いたり机に向かって本を読んだりするだけが、学びのスタイルではありません。従来の受験勉強方式の学び方にこだわる先入観を捨てて、自分なりに楽しみながら学べるスタイルを見つけることが、リスキリングの継続の鍵を握ります。

③スキルの壁

そして現在著しく議論が欠けているのが、「スキルの壁」についてです。

・経験の壁

現在の日本では。成長分野への職種転換を伴う本来のリスキリングの経験をしたことがある人の絶対数が少ないため、経験者視点におけるスキルに関する情報が圧倒的に少ない、「経験の壁」が立ちはだかっています。前述のマインドセットや学習に関する議論は活発になりましたが、意識的なスキル習得の経験者の視点がリスキリング支援策に盛り込まれる必要があります。

・実践の壁

次に、ぶつかるのが「実践の壁」です。前述のマインドセットと学習の壁を突破したとします。自分のめざすポジションに就くためには、学んだことを活かす「実践の場」が必要なのです。新しいことを学んだだけでは、なかなか新しいチャンスを摑むことは難しいのではないでしょうか。

就業時間にリスキリングを行うことが可能な企業でも現在起きている現象が「学びっぱなし」という状況です。新しいことを学んだにもかかわらず、それを実際に社内で活かす機会がないのです。組織の中で学ぶことはできても、それを生かす実践の場を与えられていない場合が多いのです。実践の場で使い続けなければ、せっかく学んだこともいずれ忘れてしまうかもしれません。

そこで、少しでも実践の機会を得られるように、自分の働いている会社に対して自ら積極的に働きかけることが重要となります。僕は40代前半でリスキリングを始めた際、人工知能を使って何ができるのか等を調べ始め、人工知能の事業の時代が来ることに備えてデジタル分野の事業を作ろうとしたのですが、なかなか認めてもらうことができず、実践の場を確保することができませんでした。

・習慣の壁

最後に、スキルに基づいて仕事する、自分のスキルを意識して働く、といったことがまだ一般的になっていない「習慣の壁」があります。これから長い時間をかけて、メンバーシップ型雇用からジョブ型雇用へ、そしてスキルベース雇用へ移行していくなかで、ビジネスパーソンに浸透していくのではないかと考えています。特に現在雇用が増えているデジタル分野の職種は、必要なスキルが明確です。そのため、自分の保有スキルは何か、これからどんなスキルを身につけていくのか、といったスキル視点で働く習慣が必要になるのです。

④職業の壁

スキルの壁を乗り越えて最後に残るのが、「職業の壁」です。

・スキルレベルの壁

獲得したスキルが通用するレベルなのかどうか、という「レベルの壁」です。もしまだまだ初歩段階、見習いレベルだとすると、やはりそのスキルを活かした業務や職業に就くためには、乗り越えなくてはいけないハードルがあります。当然のことながらそのスキルレベルを上げる必要性があるのは言うまでもありません。

・機会の壁

次に乗り越える必要があるのは、新しく身につけたスキルを生かす機会を見つけるための「機会の壁」です。現在のスキルレベルによっても、得られる機会は異なりますが、実際に社内の求人募集や、社外の転職情報等、自分のスキルを活かせる機会にたどり着くまで様々な努力が必要となります。

・周知の壁

機会の壁を乗り越えるために、同時に向き合う必要があるのが、「周知の壁」です。

具体的には、「自分の価値を周囲に伝える努力をする」ということです。これは株式会社プロノバのＣＥＯである岡島悦子氏が提唱しているもので、自分に「タグづけ」することが重要なのです。「私は◯◯ができる人です」という認識を周囲に認めてもらいポテンシャルを評価してもらえないと新しいチャンスは来ないのです。

例えば、僕は今「リスキリングを広めている人」という認識をしてもらえるようになりました。2016年に僕が初めてリスキリングという言葉を知って調べ始め、自分自身でも実践してきていたことに気づき、本格的に調査して体系的に伝え始めたのが2018年でした。

しかし2つの問題があったように思います。1つ目は、リスキリングそのものの重要性が理解されていなかったこと、2つ目は、僕が伝えても影響力がなかったことです。ただ、さまざまなアプローチを試みた結果、まだまだですが、なんとか国の政策として取り上げてもらえるところまで来ました。もし僕が自分に「リスキリングの人」とタグづけをしていなかったら、リスキリング分野でのチャンスはもらえていなかったかもしれません。

組織においても同じだと思います。例えば、自身でデジタルマーケティングについて学んだり実践したりしたのであれば、「デジタルマーケティングの人」と自分にタグづけを行い、周囲に理解してもらえるよう、その情報を広める努力をするのです。

社内であれば上司や人事部に対して、「今はデジタルマーケティングについて学んでいるので、将来はそれを活かした仕事をしたい」などと伝えるのです。もちろん、その時点でのスキルレベルによって伝えられる内容は異なりますが、「今はまだまだ」と謙遜せずに、姿勢そのものを評価してもらう努力を始めた方が良いと思います。

この周知の壁は、多くの日本人が直面しているものではないかと思われ、「日本人の壁」と表現しても良いかと思います。従来日本では、謙虚で奥ゆかしいことを美徳とする価値観が大切にされてきた経緯もあり、自分のスキルを積極的に売り込み、アピールし、機会を見つけて周知していくことが苦手、また良くないことだと思っている人も多いのではないでしょうか。「努力していたらきっと誰かが見てくれているだろう」という天命を待つという姿勢も素晴らしいと思いますが、アピールすることも決して恥ずべきことではありません。

また、努力して自分を強くアピールする人を「意識高い系」と馬鹿にするような風潮もあります。せっかく自分の目指すスキルを身につける努力をしているのに周囲が知るチャンスがなければ、社内で抜擢されたり他社から声がかかったりする機会は極端に少なくなります。周囲の視線が気になってチャンスを失ってしまっている方々は、身につけたスキルを自分の理想のキャリアに活かせるようにぜひ「日本人の壁」を乗り越えていただきたいと思います。

⑤「正しい」方法で継続することで成果に辿り着く

今までさまざまな人材育成に関わってきて得た結論があります。それは、「正しい」方法で継続すれば一定レベルの成果は必ず生まれる、ということです。

「正しい」方法で継続することで成果に辿り着く

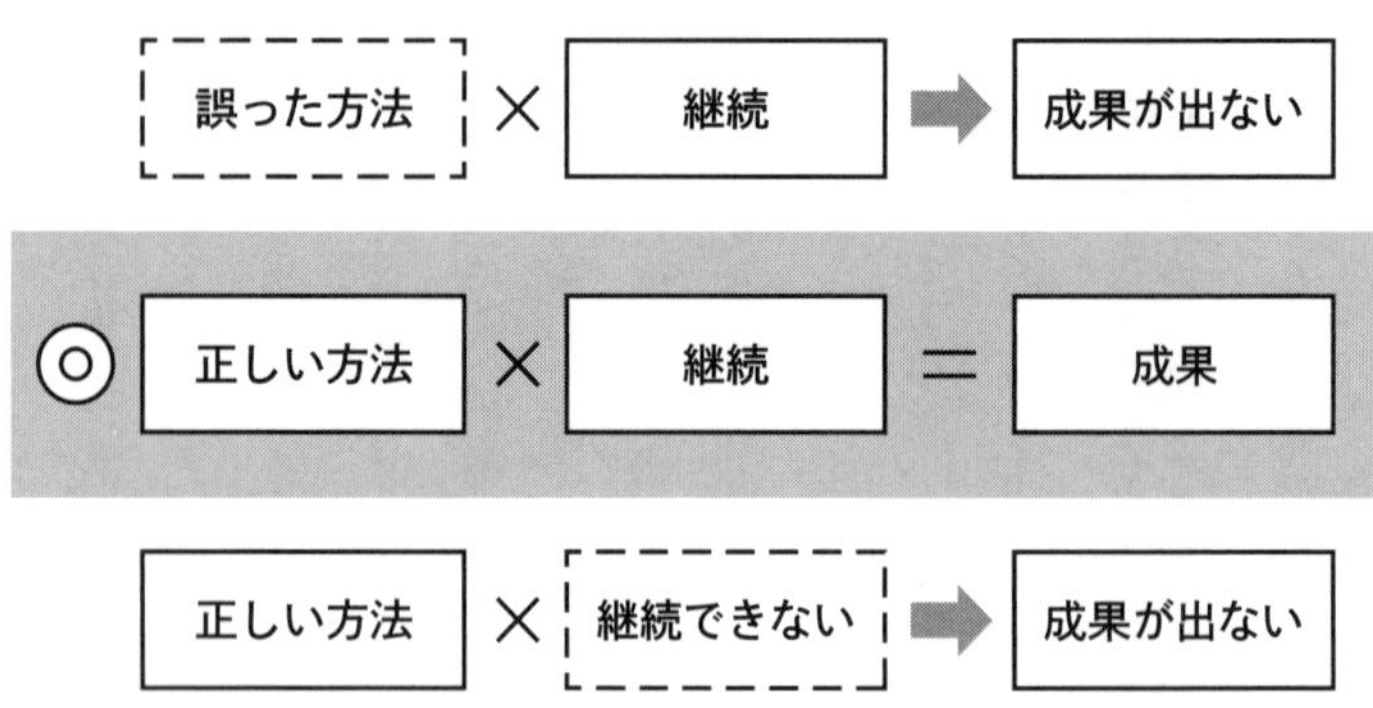

出典：一般社団法人ジャパン・リスキリング・イニシアチブ作成資料

なぜ「正しい」とあえてくくっているかというと、やる気はあるにもかかわらず、誤った我流の方法を継続したため、結果的に成果が出ないという方たちが多くいたからです。この問題は、「頑張ったのに成果が出なかった」という大きな挫折感を抱えてしまうことです。一方で、「正しい」方法を実践しているのに、継続ができないというパターンも成果が出ません。モチベーションや周囲の環境の影響だけで一つのことを継続するということは、とても難しいと思います。

その場合にとても大切になるのが、「継続するための仕組みをつくる」ということです。繰り返しますが、「誤った方法で継続」した場合や「正しい方法だが継続できない」では成果を上げられません。そのためには、正しい方法を知り、継続方法のノウハウを得て、リスキリングを成功に導いた「経験者」

の話を複数聞いて、自分に合った方法や目的を見つけリスキリング環境を整えることが重要です。

⑥リスキリングの成功体験がある人の話を聞くべき5つの理由

リスキリングにこれから取り組む方にお願いしたいことがあります。それは、リスキリングの成功体験を持っている人の話をぜひ積極的に聞いてほしいということです。

❶貴重なアドバイスがもらえる

リスキリングを行う上でぶつかる壁は一通り経験済みなので、机上の空論ではない経験に基づく実践的なアドバイスがもらえます。

❷モチベーションが高まる

リスキリングによって自らチャンスを摑み、新しい仕事に就いた視座の高い話を聞くことで、自分もリスキリングをすれば未来が広がるというモチベーションが高まります。

❸（将来的に）共感できる仲間になる

周囲が理解をしてくれない中、リスキリングを続けるのは本当に孤独な作業です。「お互い頑張ったね！」というわば戦友のような感情とでも言うのでしょうか。リスキリングバディ（仲間）とでも言えるような共感、親近感（仲間を見つける感覚）を持てることがあります。

❹最新情報を共有する、学び合える関係に

リスキリングの結果、新しい成長事業の分野で働くことでしか掴めない最新情報や独自の視点を共有し合える関係になれる可能性も高まります。特にデジタル分野はインプットとアウトプットを凄まじいスピードで繰り返さないとついていけないので、学び合える仲間がいるのは本当に大きな財産です。なぜならほとんどの人には話しても分かってもらえない、ということが日常だからです。

❺一緒に仕事をする関係に

お互いに成長分野で働くことで、将来的に一緒に仕事をする関係になる可能性も高まります。「リスキリングは終わらない旅」ですので、お互いにずっとリスキリングを続けていくことで、将来にわたって一緒に学び合いながら仕事ができるパートナーとしても良い関係になるのではないでしょうか。単なるアドバイスをくれた人ではなくなる可能性が高まります。

リスキリングはこれから新しく生まれる職業に就くための準備プロセス

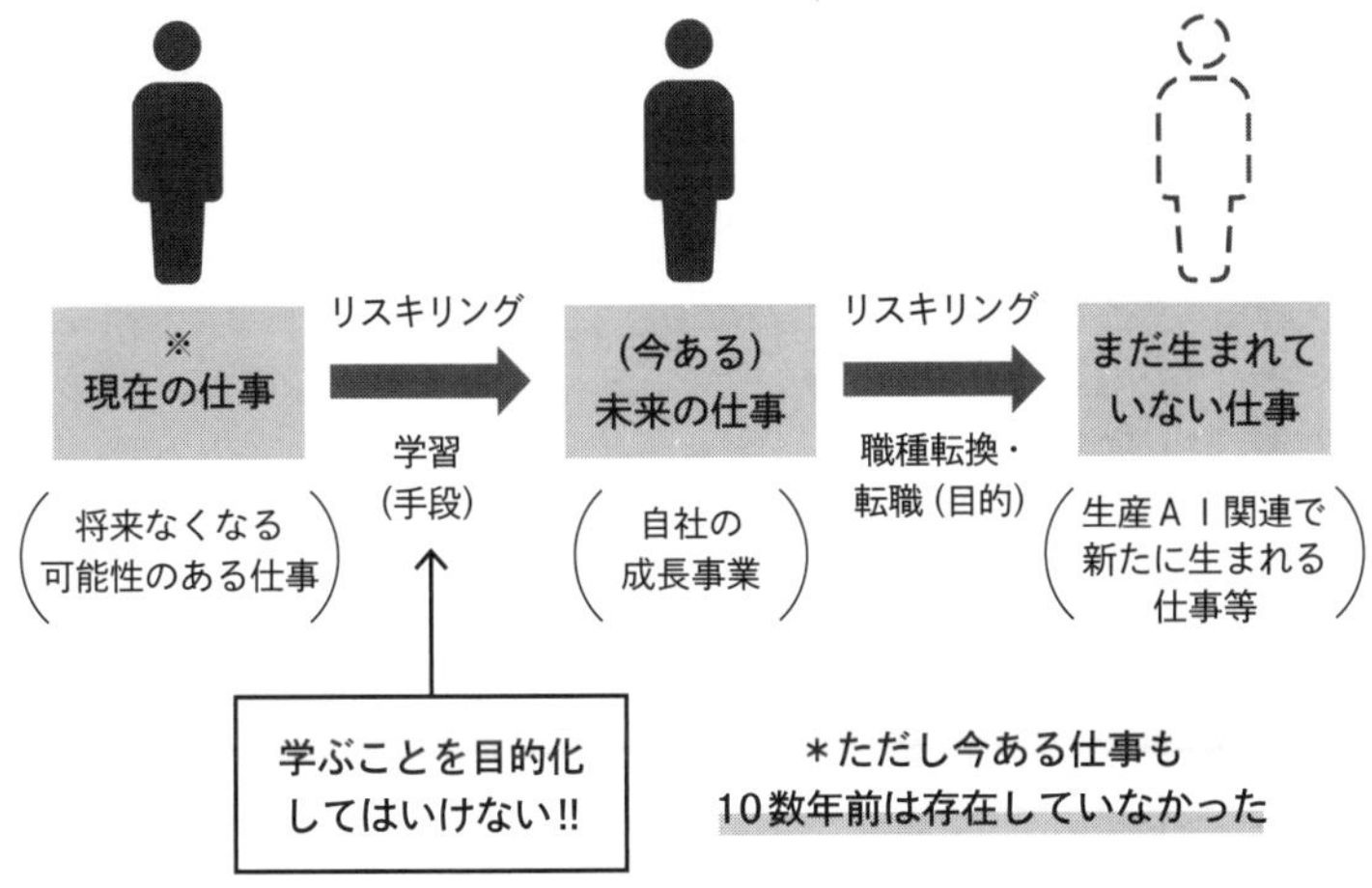

出典：一般社団法人ジャパン・リスキリング・イニシアチブ作成資料

もちろん、従来型のキャリアチェンジや転職に成功している人のアドバイスやエッセンスもとても勉強になるのですが、リスキリングの結果、従事している人数が少ない成長事業の仕事に就いている人が持つ独特の「この先この業界がどうなるか分からないけど信じて突き進む」的な未来志向の視野、臨機応変さ、そして、新たな価値を創り出しているコミュニティから学べることが大きいからです。

その逆に、生成ＡＩがこれから人間の従来の労働を自動化していく世界の中で、以前に通常のキャリアチェンジをした方の話を聞いても、キャリアの未来が広がる感じが持てないのではないでしょうか。

リスキリングは「**これから新しく生ま**

れる職業に就くための準備プロセス」であると言い換えられます。いま私たちが就いている仕事も、10数年前には存在していなかったものも多くあります。そのため、実は新たな成長事業にいる人たちは、お互いに正解が分からない中で新たな価値をつくり出すことをめざしているため、お互いに許容し合っているところがあります。多様性の欠如したモノカルチャー、失敗を許容しない不寛容な正解思考の強い文化の中で働くこととは真逆の文化なのです。

リスキリングの結果そういった分野で働いている人には不思議な「人を巻き込む力」があり、一緒にいると自然に「巻き込まれていく」感覚を持つことがあります。

「正解は分からないけど、まいっか」と一歩踏み出すエネルギーみたいなものとでも言うのでしょうか。「間違っているかもしれないけれど、自分の描く未来を信じる力」に巻き込まれているのかもしれません。成長事業ではチャレンジした結果の失敗をお互いに許せないと前に進んでいくことができないので、（本当に）チャレンジを推奨する文化が必要なのです。

⑦ リスキリングが失敗する10の誤解

リスキリングという言葉が急速に広まったのはとても良いことなのですが、同時に誤解が広まってしまったところがあります。これからリスキリングに取り組む、また導入を検討されている皆さんが結果的に誤解したまま成果に結びつかないといったことに陥らないように、ここで失敗につながる10の誤解についてご紹介したいと思います。正しくリスキリングについてご理解いただくために、ここでは企業向けの説明も含みます。

誤解❶ 昔から日本企業はリスキリングをしている

リスキリングを従来の研修と同じだと解釈している方がとても多いようです。まずそもそもなぜ欧米で新しくリスキリングという言葉が使われるようになったのかということですが、それはまさにリスキリングが従来型の研修といった概念とは異なるものだからです。転職がさかんな米国でリスキリングという新しい言葉が頻繁に使われるようになったのは、自動化によって消える仕事から成長事業に移っていくために、企業が自社の従業員にリスキリングの機会を提供する必要が出始めたからです。階層別研修やソフトスキルを学ぶような研修と、デジタル分野やグリーン分野等の成長事業を担う人材を育成していくことは大きく手法が異なります。

リスキリングをなぜ日本語で表記しないのか、という意見があるのですが、答えとしては、「今まで日本には存在しなかった言葉だから、（カタカナで）新しい概念として理解する必要がある」からです。

リスキリングは、

①新たなマインドセット醸成↓②学習の継続↓③スキル習得&実践↓④新たなキャリア形成（配置転換&転職）

といった4つのプロセスを含んだものになります。そのため、従来の日本語には該当する言葉がないのです。

繰り返しになりますが、「学び直し」という言葉だけでは不十分だということがお分かりいただけると思います。そのため、リーダーシップ、コミットメントといった言葉と同様に、和訳をしないで「リスキリング」のまま正しく理解をしていただくのが理想だと考えています。

誤解❷ リスキリングは転職のためのもの

最近よく聞かれるのが、「リスキリング＝転職のためのもの」という誤解です。特に中堅・中小企業経営者の皆さまからすると、人手不足のぎりぎりの状態で経営をしているのに、社員に転職されてはたまりません。そのため、リスキリングに対する根強い拒否反応があるのです。リスキリングは自社の現在の事業を担う人材に、将来の成長事業を担う人材へと成長してもらうための機会を提供するものです。転職のためではありません。リスキリングの機会を経て、結果的に従業員が転職する話と、個人が自主的にキャリアアップのために転職することは、分けて考える必要があります。

誤解❸ 就業時間外に個人が自主的に取り組むべき

転職等を視野に入れて個人が自主的に学ぶことは以前から行われており、人材の流動化の観点からも必要なことなのですが、リスキリングは自社の成長事業を担う人材を育成していくことが目的なので、業務に当たります。そのため、就業時間外に個人が自主的に取り組む活動とは別で考える必要があります。現在、多くの大企業が就業時間外の個人の自主的な学びのサポートをしていますが、企業としての一番大きな問題点は、新たな学びが属人的なものとして限られてしまい、組織の集合知として活かせないということです。

例えば、デジタルトランスフォーメーションを全社で推進することになった時に、個人が好きに学んでいる内容が組織内に点在したままでは、組織としての成長は望めない訳です。また従業員個人に自主的に学ぶ環境だけ提供するのであれば、それは転職のための武器を提供しているだけにもなりかねません。それらを防ぐためには、就業時間内に企業が業務としてリスキリングを推進する制度をつくるほかありません。リスキリングを業務として従業員が取り組むためには、漫然といつ必要になるか分からないスキル習得のためのオンライン講座等を提供するだけではリスキリングの成果に繋がりません。例えば、企業の新規事業創出のためにどのようなスキルが必要なのか等を出来る限り明確にして、現在の必要性や少し先の将来の実践機会とひもづけて従業員に示す必要があるのです。現在まだ社内に存在していない業務に関する学習要素もある中ではとても難しいことですが、一度に完成形を目指すのではなく、少しずつ取り組んでいくことが必要です。

誤解❹ リスキリングの機会を提供すると社員が辞めてしまう

日本の大企業には過去からの経緯で、人材育成に投資をすると人材が辞めてしまうという根強い不信感があると聞きます。例えば海外ＭＢＡの企業派遣留学制度などが典型的です。しかし人材に投資をしたから辞めるのではなく、閉鎖的な企業文化、年功序列の給与、魅力的なポジションの欠如等、さまざまな要因が重なって転職してしまっているのです。

一方で、リスキリングの機会を提供しないままだと企業はどうなっていくのでしょうか。成長事業を担える人材は社内で育たず、少子高齢化の流れの中、外部環境の変化に適応できず事業は縮小していくのではないでしょうか。そこで、リスキリングの機会を提供すると社員が辞めるのでやりたくないという経営者の皆さまに2つお伝えしたいことがあります。

まず1つ目は、現在の若い方々の就職先選びの基準が、「自分を成長させてくれる会社」になっているということです。言い換えれば、リスキリングの機会提供が得られる会社には、優秀な若い世代が入ってくると言えます。そのため、リスキリングの機会を提供しないということは、優秀な若い世代が入ってこない、という事態を招く可能性が高くなります。

そして2つ目は、リスキリングの機会を提供することで、もしかしたら新たにやりたいことを見つけて退職する社員も出てくるかもしれませんが、一方で優れたリスキリングの仕組みを用意している会社には、それを魅力に感じて新たに優秀な社員が入ってくる可能性も高まることです。ある種、人材の正の流動化が起きるわけです。経営者としては育てた従業員が出ていってしまうことは辛いことですが、自社の事業を成長させ、未来に存続させていくためにという発想の転換が必要となるのです。

少し極端な事例ではありますが、退職率をあらかじめ設定し、人材の流動化を前提とした経営をしているリクルートでは、転職して結果的にＯＢ／ＯＧとつながる「アライアンス」によって自社の新規事業などを次々と創造しているケースもあります。自社の正社員ではなくなるものの、卒業生として一緒に働くといった視点も見越して、リスキリングの機会をぜひ提供していただきたいと思います。

誤解❺ リスキリングは従業員にオンライン講座を提供し自由に学ばせること

リスキリングに取り組んでいるという企業の事例を見聞きするようになりましたが、「オンライン講座で学ぶ機会の提供＝リスキリング」ではない、と今一度強調をしておきたいと思います。オンライン学習の環境を用意するのはあくまでもリスキリングのプロセスの一部であってすべてではありません。学んだ知識やスキルを、業務を通じて実践して、新しい任務を担うまでがリスキリングなのです。

誤解❻ ジョブ型雇用の会社でないとリスキリングはできない

これはいろいろと意見が分かれるところだと思いますが、「うちはジョブ型雇用ではないのでリスキリングはできない」という方々と何度かお話ししたことがあります。

アメリカで定着しているジョブ型雇用と、日本版のジョブ型雇用の一番大きな違いは、解雇を前提としているかどうか、です。日本版のジョブ型雇用は、雇用維持を前提に議論が進んでいるように思います。一方、アメリカ型のジョブ型雇用では、明確に職務が定義されている一方、事業撤退や自動化によってその特定のポジションがなくなった場合には、position closedといって解雇される場合があります。

解雇を前提としたジョブ型の場合、即戦力で充当していく考え方でしたが、デジタル分野の急成長で即戦力採用だけでは追いつかなくなってきたため、社内で計画的にリスキリングを行い、社内で消失していく仕事から成長事業に社内異動を行うようになったのです。

確かに、ジョブ型雇用の方が、そのポジションにおいて明確に担当する仕事、必要なスキルが明記されている場合には、新しい成長事業に労働移動をさせていく上では、リスキリングを進めやすいと言えます。とはいえ、メンバーシップ型雇用の会社でも、もちろんリスキリングを推進していくことが可能です。例えば、デジタルリテラシーの向上を図るための全社員共通のリスキリングプロジェクトも実施可能です。そして社内で新たなプロジェクトを始めたり、新しい事業部を創設する際には、どのようなスキルが必要なのかがある程度明らかになっているので、そのスキルの習得に向けてリスキリングを開始することができます。

誤解❼ リスキリングはおじさん世代のためのもの

20代の方たちと話していると、「リスキリングっておじさんのためのものですよね？」と言われることが多々あります。これについての回答は「Ｙｅｓでもあり Ｎｏでもある」です。

これは少し解像度をあげて説明する必要があります。会社のベテラン社員には時代背景もあって圧倒的に「おじさん（男性）」が多く、この表現にはデジタル化等の新しい流れについていけないベテラン社員を指すニュアンスがあります。結果的にリスキリングはおじさん世代のためのもの、と認識されています。

ところが、日本企業でも、ベテラン中高年の再配置のためのリスキリングのみならず、若い世代の従業員により高度なデジタル分野のスキルを身につけてもらうためのリスキリングも実はニーズが高いのです。特に新卒で働き始めた新社会人の場合は、リスキリングの「リ（ｒｅ＝再び）」が抜けた「スキリング（スキル習得）」の重要な時期です。

若い方たちが、リスキリングをする習慣を早いタイミングから身につけられると、30代、40代とキャリアを重ねていった時に将来の選択肢が増えていくのではないかと思います。

誤解❽ リスキリングはリストラするための道具である

本当にどこからこうした考え方が出てくるのか分からないのですが、リスキリングはリストラをするための手段だと誤解されている方が時々いらっしゃいます。講演などを行っていると、このような質問を頂戴します。まず、この場合のリストラというのは、日本語の文脈での「人員整理」の意味で用いられています。リスキリングとリストラは全く関係がありません。

リスキリングは社内で雇用を維持していくために職種転換を行うための手段です。なくなっていく職務から成長分野の職務に労働移動できるようにするためなので、リストラ（人員整理）とは目的が真逆なのです。しかしよくよくお話をうかがってみると、「リスキリングをしても成果が出ない従業員を炙(あぶ)り出し、退職勧奨をする」というようなシナリオを予測している方がいらっしゃいました。また、リスキリングとリストラは「リス」までの2文字が重なっていることもあり、企業が言い出すとネガティブな手段なのだろうと誤解されている方もいました。

参考までに言いますと、本来の英語のrestructuring（リストラクチャリング）は「企業の構造改革、事業の再構築」という意味で、その場合に必要となる事業転換に関わる人材の育成を含む場合があります。その場合には「リストラのためにリスキリングを行う」ということが成り立ちますが、この場合でも雇用を維持して人材の再配置をするために行いますので、日本語の人員整理のニュアンスはありません。

誤解❾ DXに向けたリスキリングより、ソフトスキルの方が大事

これはリスキリングが広まる前の2019年や2020年の頃に、企業経営者の方々や人事部の皆さまからよくうかがった意見です。

僕はいつも、「リーダーシップやロジカルシンキング等、従来重視されてきたソフトスキルは今までも重要でしたが、これからも重要です」とお答えしています。ただしこれに付け加えて、「経営者ご自身がデジタルリテラシーを高め、デジタル技術を使って自社にどのように応用できるのか、生産性を高め、新たな事業を創り出せるのかを理解する必要があります。そしてそれを実現するために、デジタル分野のハードスキルを使いこなせる人材が社内で増えないとデジタルトランスフォーメーションは実現しません」とお伝えしています。

リスキリングの重要性への理解が広がり始めた2021年以降はこの「ソフトスキルの方が大事」という意見をあまり聞かなくなってきていたのですが、2023年、生成AIの活用が大きく進み始めたことによって、「リスキリングしても意味がない。ソフトスキルの方が大事」という話がまた出てきました。

少なくとも現時点では、AI分野の事業やサービス、AIを利用した製品がますます増えてくると予想されるので、AIの分野で仕事ができるようなハードスキルを身につける、リスキリングの需要はますます高まっています。そのため、繰り返しになりますが、ソフトスキルは今までもこれ

からも大事。くわえてリスキリングをすることでデジタル分野のハードスキルを併せて持つことがビジネスパーソンとして大事、ということです。

誤解⑩リスキリングは人事部が主導でやるもの

リスキリングに関するお問い合わせをいただいている中で気づいた変化があります。以前は人事部からの問い合わせと事業部門（新規事業やデジタル推進部門等）からの問い合わせが半分ずつくらいだったのですが、最近は人事部からの問い合わせがメインとなっています。何社かに話をうかがって気づいたのですが、「社長から『リスキリングを我が社でもやれ』と言われました。デジタル分野の研修をやれと言われても経験がなく、どうしたら良いか分からないのです」といった内容が多いのです。おそらく、経営者の方が「デジタル分野の研修を受けること＝リスキリング」と思い込み、人事部に話がふってくるのだと思います。

これは現在の日本でのリスキリングの理解度を象徴しているのですが、リスキリングが目的になってしまっているのです。本来はデジタル技術等を活用して自社の成長事業を成功させることが目的であって、リスキリングはそのための手段でしかありません。そのため、自社でどんな新しい事業をやるのか、そのためにどんなスキルが必要なのかが一番大切なのですが、「とりあえず人事部がデジタル分野の研修を従業員に提供する＝リスキリング」となってしまっているようです。

リスキリングを全社で推進していく上で、人事部の方が重要な役割を担うことは確かに大切ですが、新しい事業の構築が最初に必要な議論になるので、人事部だけでリスキリングを推進していくのは難しいと考えます。デジタル分野の事業やスキルに精通している方々で人事部が構成されている場合は可能かもしれませんが、リスキリングのプロジェクトは経営・事業部、人事部等、部門横断で行っていく必要があります。

実際、リスキリングのプロジェクトが全社で盛り上がっている企業では、必ずしも人事部主導でない場合もあります。

以上、リスキリングにまつわる10の誤解について紹介させていただきました。

リスキリングが広まったのはとても良いことだと考えています。一方で、ブームに乗じてステイクホルダーがそれぞれの思惑のもと発信したい内容が異なることも事実で、これはやむを得ない側面があると理解しています。ただその結果、リスキリングを意識的に拡大解釈し、自説を主張したいために無理やり自説に寄せていくような傾向が強まってきたため、誤解が広まり続けてしまっているのだと思います。正しい意味でのリスキリングが定着することを願うばかりです。

2 海外における雇用とリスキリングの最新トレンド

ついに雇用が純減する時代に突入か!?

２０２３年5月、世界経済フォーラムが開催したGrowth Summit 2023において、衝撃的な発表がありました。あわせて発表されたThe Future of Jobs Report 2023において、２０２７年までの5年間で、６９００万件の雇用創出、８３００万件の雇用消失、つまり１４００万件の雇用の純減が見込まれるという予測が発表されたのです。

なぜこれが驚くべき発表かといいますと、世界経済フォーラムの雇用予測は、今まで雇用創出の件数の方が多かったのですが、２０２３年の発表においては雇用創出数の方が少なくなってしまったからです。新しいテクノロジーやグリーン分野で今後5年間に新たに創出される雇用数と、経済的影響と労働の自動化によって消失していく雇用数を比較して、雇用消失が進んでいくということです。

世界経済フォーラム発表による雇用予測

	雇用創出		雇用消失
2020年1月	1.3億件	>	7,500万件
2020年10月	9,700万件	>	8,500万件
2023年5月	6,900万件	<	8,300万件

出典：世界経済フォーラム発表資料をもとに一般社団法人ジャパン・リスキリング・イニシアチブ作成

上の図をご覧いただきたいのですが、Reskilling Revolutionというリスキリング推進のためのプロジェクトが開始された2020年1月時点では、雇用創出が1・3億件、雇用消失が7500万件という予測でした。発表直後に全世界で新型コロナウイルス感染症が爆発的に広まりましたが、2020年10月に発表されたThe Future of Jobs Report 2020においては、雇用創出が9700万件、雇用消失が8500万件となり、それでも雇用創出の方が多かったのです。

そしてついに2023年には、雇用消失件数が雇用創出件数を上回った訳です。これはChatGPTを中心とした生成AIによる影響を加味したものになっています。これを一時的な現象と捉えるか、このまま雇用が純減していくトレンドが今後も加速して続くのか、注視が必要です。

①現在必要なスキルと今後5年間で重要になるスキルについて

The Future of Jobs Report 2023では、2023年時点で必要とされているトップ10スキルと、2027年までの今後5年間で重要性が増していくトップ10スキルについても併せて発表されました。

2023年時点で必要なトップ10スキルは以下のようになっています。

第1位：分析的思考
第2位：クリエイティブ思考
第3位：レジリエンス、フレキシビリティ、アジリティ（機敏性）
第4位：モチベーションと自己認識
第5位：好奇心と生涯学習
第6位：テクノロジー・リテラシー
第7位：信頼性と細部へのこだわり
第8位：共感と積極的な傾聴
第9位：リーダーシップと社会的影響力

第10位：品質管理

テクノロジー関連については第6位に入っているだけとなっています。ところが2027年までに重要性が増すトップ10スキルについては、がらっと内容が変わります。

2027年までに重要性が増すトップ10スキル

第1位：クリエイティブ思考
第2位：分析的思考
第3位：テクノロジー・リテラシー
第4位：好奇心と生涯学習
第5位：レジリエンス、フレキシビリティ、アジリティ（機敏性）
第6位：システム思考
第7位：AIとビッグデータ
第8位：モチベーションと自己認識
第9位：タレント・マネジメント
第10位：サービス志向と顧客サービス

注目すべきは、テクノロジー・リテラシーが第3位に上昇したこと、第6位にシステム思考、第7位についにＡＩとビッグデータが入ったことです。またそれとは対極的に、第9位にタレント・マネジメント、第10位にサービス志向と顧客サービスという人間ならではのスキルが入っています。

従来のデジタル化の流れの中で分かってはいたことですが、誰もが身につけるべきスキルとしてテクノロジーやＡＩといった分野のスキルがさらに重要になってきているのです。

リスキリング推進責任者、ＣＬＯ（チーフ・ラーニング・オフィサー）の指名と抜擢

① リスキリング推進に欠かせないＣＬＯとは？

フォーチュン５００企業の多くはリスキリング推進のためにChief Learning Officer（チーフ・ラーニング・オフィサー、以下ＣＬＯ）を設置しています。ＣＬＯは最高人材・組織開発責任者と訳され、自社のリスキリング推進責任者の役を担います。

特に自社の新たな事業戦略に基づいて人材開発を行うため、ＣＥＯ直轄で設置されることもあり、人事戦略を担うＣＨＲＯやデジタル事業を推進するＣＤＯと協働しながら、自社のリスキリングを進めていきます。

リスキリング推進に欠かせないCLO

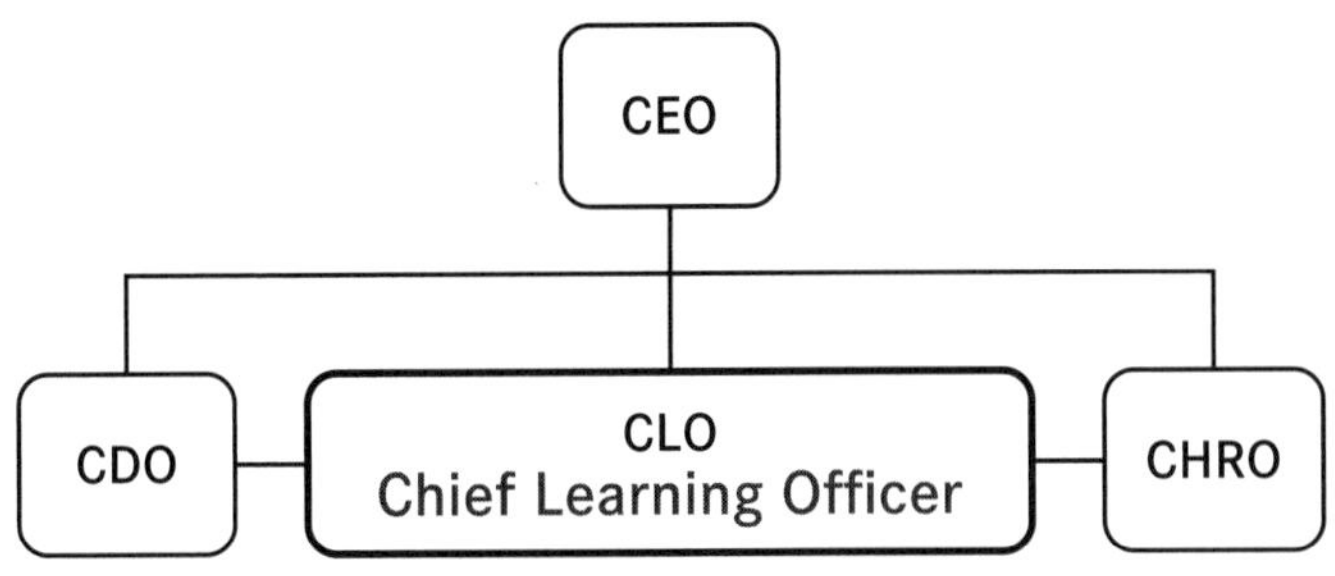

・海外グローバル企業ではＣＥＯ直轄でＣＬＯが社内のリスキリング推進責任を負う

・デジタル事業を担うＣＤＯと人事制度を構築するＣＨＲＯが繋ぎ、全社推進

出典：一般社団法人ジャパン・リスキリング・イニシアチブ作成資料

・世界経済フォーラムが設置したＣＬＯコミュニティ

２０２３年の世界経済フォーラムの年次総会（通称ダボス会議）において、新たにグローバル企業のＣＬＯが２０３０年までに全世界で10億人をリスキリングするという野心的な目標を実現するための実施事項として、以下のような取り組みを行っています。

a）今日の文脈におけるラーニング・オーガニゼーションの定義を策定

b）リスキリングを経営戦略上の課題として位置づけ推進

c）スキルの共通言語を策定すべくプラットフォームの他コミュニティと協働

d）学習と人材開発における特有の課題に対し、新たな解決策を提示

そして、このコミュニティには、例えば、
コンサルティング：ベイン・アンド・カンパニー、デロイト、ＰｗＣ
ＩＴ：シスコ、デル、ＩＢＭ、セールスフォース、ＳＡＰ、オートデスク、オラクル
金融：ドイツ銀行、ゴールドマン・サックス
小売：イケア、レゴ
製造：シーメンス
人材：マンパワーグループ
ヘルスケア：メルク
といった企業のＣＬＯが参加をしています。日本からは電通が参画しています。

日本でも現在多くの企業でリスキリングに対する関心が高まってきていますが、従来型の人事部主導の研修と同じ位置付けとみなされる傾向にあります。自社の将来の成長事業を担う人材を、リスキリングを通じて社内で育成していくためには、リスキリングを業務として推進していく責任者であるＣＬＯが欠かせないのです。

マインドセット

（リスキリング準備編）

1 マインドセットとは？

リスキリングに必要なマインドセットを身につける

① 改めて注目されるグロースマインドセットとは

スタンフォード大学のキャロル・S・ドゥエック教授が2006年に出版した『Mindset:The New Psychology of Success』で紹介されたグロースマインドセットという考え方が再び脚光を浴びています。

マイクロソフトのサティア・ナデラCEOがマイクロソフトのカルチャー改革の際にこの「グロースマインドセット」という考え方を繰り返し提唱し、見事にクラウド時代へ対応、ビジネスの成功を収めたことも大きいと思います。

マインドセットとは、人間が持つ固有の考え方を指しますが、本の中で、マインドセットには、グロースマインドセット（成長思考）とフィックストマインドセット（硬直思考）があると紹介されています。グロースマインドセットは、努力次第で自分の能力を成長させることができるという考え方、フィックストマインドセットは、生まれつき能力は決まっているので変わらないという考え方です。

マイクロソフトではこのグロースマインドセットに基づいて、know it all（すべてを知っている）という硬直的な考え方から、learn it all（すべてを学ぶ）へと意識改革が行われたそうです。すべてを知っているという思考であれば、当然失敗をしてはいけないという呪縛に囚われ、挑戦を避けるようになってしまいます。ところが、自分たちは知らないのだから失敗しながら学んでいこう、というふうに姿勢が変われば、挑戦をしていけるようになるのです。

特にリスキリングを進めていく上でこのグロースマインドセットの考え方が大切なのは、企業が未踏の新規事業に挑戦するために必要なスキルを従業員が身につけていくことが必要になるからです。

② 7つのリスキリング・マインドセット ～リスキリングに取り組む自分に自信を持つ～

次にグロースマインドセットの考え方を活かして、リスキリングを成功に導く大前提となる、

「7つのリスキリング・マインドセット」をご紹介します。

❶「まずやってみる」を心がけよう　~正解への辿り着き方は後から考える~

とにかくこの初動「まずやってみる」が何より大切です。

日本のビジネスにおいては、慎重で失敗しないことを良しとし、様子をうかがってから動く、といった姿勢が多く見受けられます。しかしそれよりもその行動が正解なのかどうかとか、成功するか失敗するかなどと考える前にまずやってみる、試してみる、その結果自分に湧き上がってくる気持ちを正直に受け止めるといった習慣が大切です。

過去事例や他社事例を調べて、知っているつもり、分かったふりの状態で物事を判断するのと、実際にやってみて感じ取った気持ちを優先するのでは、理解度や納得度が異なります。

❷コンフォートゾーンから飛び出そう　~健全な危機感を持つ~

解雇に対する過度の恐怖心などからやみくもに流行りのことを学ぶのは問題がありますが、個人が健全な危機感を持ちながらリスキリングに取り組むことは良いことだと考えています。

少子高齢化の中で放っておけば縮小均衡していく日本のビジネス界では、現時点で安全なコンフォートゾーンに留まっていることによって、外部環境の変化に適応しづらくなり、気づいたら手遅れの状態になりかねません。

コンフォートゾーンから出たら、「居心地の悪い状態に慣れる」ことができるかどうかがリスキリングの成否を分けます。自分にとっては未知の領域で挑戦し続けることは最初は居心地が悪いかもしれませんが、慣れてしまえば、その状態を続けられるようになります。筋トレと一緒で、最初は筋肉痛がありますが、慣れてしまえば、自分に起こる変化が楽しくなってきます。

❸6割理解のままで突き進もう　～「知らない」を恐れない～

知らない分野で初めてリスキリングに取り組むのは、だだっ広い場所にポツンと立って、どこに何があるのか、道はどこにあるのか、手探りで進んでいくような作業となります。初めての分野では「知らない」ことが当たり前なのです。とにかく動いてみて、全体像が摑めたらしめたものです。細かいことは後回しで良いのです。何度も同じ道を通るうちに、細かいことはだんだん分かるようになってきます。デジタルの世界は外部環境の変化が激しいので、昨日の正解が今日の不正解になることもあります。6割の理解レベルで良いので、どんどん当たりをつけて動いていきましょう。

❹何度でも同じプロセスを繰り返そう　～「忘れた」で落ち込まない～

短期間の努力で正解・不正解を明らかにする中間・期末テストとは異なり、リスキリングで成果が出るまでには時間がかかります。知らない分野の専門用語がたくさん出てくることもありますので、しっかり理解できるまでは、忘れてしまうことがあって当然です。また以前の大学受験のように一時的な記憶力が勝負の世界ではありません。一定の期間内に特定の資格取得が必要な場合を除き、覚えたことを忘れてしまってもがっかりする必要はありません。業務を通じて何度も繰り返していくことで、記憶が定着していくからです。例えば、ある専門用語を忘れてしまった際に、「『忘れたこと』を覚えている」というのは記憶レベルが上昇している証拠なので、「あー、この前出てきたけど忘れた」という状態は良いことだと考えてください。

❺いつでも軌道修正しよう　～何度でも方向転換ＯＫ～

知らない分野にチャレンジすると、やってみたら面白くない、自分の想定と違った、自分に向いていないといったことが明らかになる場合も多いはずです。「一度決めたから最後までやり通す」とこだわらずに、いつでも柔軟に軌道修正をしましょう。自分の将来の方向性を決めるリスキリングを行うのですから、自分が楽しくなく、興味が湧かないことをやり続けるのは結果的に成果に結びつかない確率も高くなります。

❻すぐに成果が出なくても焦らない　～しなやかなレジリエンス～

リスキリングは短距離走ではなくマラソンのような長距離走であるため、途中でさまざまな障害があったり、ストレスがかかることもあります。また、その際に焦ってしまうかもしれません。しかし仮にネガティブな状態になってもしなやかに回復する力、レジリエンスがあれば問題ありません。すぐに成果が出なくて焦ったり、落ち込んだりしてもすぐに回復して継続できることが大切です。リスキリング継続の鍵は「レジリエンス」にあります。

❼発展途上の自分に自信を持つ

❻で述べたように、リスキリングはすぐに成果が出る訳ではありません。そのためある種の思い込みと言いますか、新しいことに挑戦している自分を肯定する、褒めるといったように、取り組んでいるプロセスそのものを信じることが必要になってきます。現在発展途上にある自分に自信を持つことができると、前述の❶〜❻のマインドセットを維持しながら、リスキリングに取り組むことができるのではないかと思います。

僕自身、40歳からリスキリングに取り組み始め転職活動で評価されなかった当時を振り返って、完全に「発展途上の自分に自信を持つ」ことができていたかというと、答えはNOです。ですが、これまでに全く経験のない新しいことに挑戦し、自分で納得のいく成果を出すことが何度かできていたので、「発展途上の自分」の状態に身を置くことができていたのだと思います。

「リスキリングに取り組んでいる自分に自信を持つ」ことがリスキリングによって自分の就きたい仕事に就くためのエンジン、原動力になるのです。

「何をしたら良いか分からない」を解決する

①何をしたら良いか分からないという人に決定的に欠けていること

リスキリングに関するご相談をいただく中で、とにかく一番多い質問が、「何をしたら良いか分からない」というものです。

よくよくうかがってみると、「何をすべきか分からない」「やりたいことがない」「やりたいことが分からない」「何から始めたら良いか分からない」と、いくつかのパターンがあります。その中でも一番多いケースが、「今のままではまずいということは分かっている。ただ、自分が何に向いているのか、本当は何をやりたいのか、これから自分が何をできるのか分からない」というものです。リスキリングに関心があり、現状に不安があって焦っていて、「何をしたら良いか分からない」という状態になっているのだと思います。

ここで一つまずいなと思うのが、「何をしたら良いか」の中の「良い」という部分です。これはおそらく長年日本の組織で働く中で培われてきた「正解思考」に基づく発想で、何をすることが正解なのか、という正解を求めている問いなのではないかと思うのです。

せっかくリスキリングを始めるのであれば、「べき」思想から解放されていただきたいと思います。リスキリングを開始する年齢（同時に残されているキャリアの時間がどれくらいあるか、働く意思があるか）にもよると思うのですが、自分の内発的動機に基づいてリスキリングを進めないと、途中で挫折してしまう確率が高まるからです。

「何をしたら良いか分からない」という方に決定的に欠けているのが、「現在の自分の仕事の範囲」以外のことについて知り、また知るための行動を取ろうとする姿勢です。極めて狭い範囲における情報収集や行動に留まっていることが多いのです。そのため、何をしたら良いかという発想から抜け出し、「何をやりたいか」と思えるようになるためのステップをご紹介します。

②「やりたいこと」を見つけるためのステップ

❶情報収集の仕組みを変える

とにかく、新しい知識、情報に触れる機会を「圧倒的」に増やす必要があります。そのためには情報収集の範囲を広げること、現在の情報収集の仕組みを変えることが重要です。「やりたいこと」

に出会うために必要なインプットの量が圧倒的に足りない状況では、「何をしたら良いかわからない」となって当然なのではないかと思いますので、心配は全くいりません。まずはとにかく現在の仕事の範囲を超えた新しい仕事に関する知識や情報を増やしていきましょう。

❷行動範囲と行動量を「圧倒的に」広げる

❶の情報収集に基づいて興味関心が見えてきたら、即行動に移してみましょう。行動の範囲を広げることも大切ですし、行動の量そのものを増やすことも重要です。そうした中で、さまざまな刺激を受ける機会が得られれば、その刺激を純粋に追いかけてみるのも良いと思います。特に多様な目的のコミュニティに所属して、いろいろな人の話を聞くことで、自分の率直な気持ちを感じ取ることができるようになってくるのではないかと思います。

❸思考の幅を広げ、深めていく

❶❷ができると、さまざまな情報や経験から自分なりの考えや思考パターンのようなものが見えてくると思います。そうしたらぜひ、興味を持ったテーマを深掘りしていきましょう。

同質性の高い、狭いコミュニティだけに所属していると、どうしても情報源が限られ、行動範囲が狭くなり、良くも悪くも行動がルーティーン化していきます。「情報収集→行動→思考」のサイ

好き嫌い／向き不向きによる方向づけ

	好き	嫌い
向き	◎（A）	△（B）
不向き	△（C）	×（D）

出典：一般社団法人ジャパン・リスキリング・イニシアチブ作成資料

クルを回し続けていくうちに、自分の興味関心や率直な好き嫌いが見えてくるようになります。

③ 自分の好き嫌い、向き不向きを把握する

❶好き嫌い／向き不向きで方向づけ

何をしたら良いか分からない状態から自分の関心がどこに向かっているのかわかってきたら、次に自分の好き嫌いと向き不向きをいろいろなカテゴリで書き出していただきたいと思います。

当たり前ですが、図の上の（A）が一番良い選択肢です。（B）と（C）は状況に応じて優先順位が変わるかと思います。例えば、転職活動をして市場評価によってチャンスをもらうなら、（B）向いていれるけど好きではない仕事で一時的に我慢しながら次に向けた準備をするというのもありえます。個人事業主的な生き方を選択する場合にも、（B）は一時的に仕事をもらいやすいので選択する価値があるかもしれません。もし起業家的な生き方を選

択するのであれば、人がなんと言おうと、（C）好きで向いていないことを追求して良いと思います。

以下、69ページのマトリクスを使って、自分の好き嫌い、向き不向きを今一度明らかにしてみてください。

仕事：自分の理想とする組織とクライアントの両方で考えてみる

・組織規模と種類（大企業、中堅・中小企業、スタートアップ、自治体など）
・組織文化（官僚的、フラット、競争的、非競争的など）
・業界（製造業、金融業など）
・職種（営業、マーケティング、人事、研究、開発、一般事務など）
・分野（デジタル、グリーン、DEI&Bなど）
・タスク（交渉、調整、ロジ、調査など）
・ポジション（経営、管理職、プレーヤーなど）
・就業形態（正社員、パートタイム、派遣、個人事業主、起業家など）
・働き方（リモートワーク、出社のみ、ハイブリッド、副業・兼業ありなど）

人間関係：自分が所属する組織とクライアントとして相性が良いターゲットを探す

・上下関係（先輩、後輩、同期）
・性別（異性との仕事、同性との仕事）

右記の中で、◎（A）に該当するものだけを集めてみたら、どんな働き方になるでしょうか？

例）スタートアップ、フラット、デジタル、人事、調査、管理職、正社員、リモートワーク
　　同年代の同僚が多い環境、同僚は同性、クライアントは異性との仕事が良い

といった形で自分の力を発揮しやすい仕事、働き方のイメージをつくってみてください。

僕自身40代からリスキリングを始めて、さまざまなデジタル分野の仕事をさせていただく中で、自分の中の判断材料というか、ものさしのようなものができてきました。浅く広くですが、フィンテック、e-SIM（携帯電話のSIMカードをソフトウェア化したもの）、AI、ブロックチェーン、メタバース分野の実務に携わりました。新しい分野なので、自分で学習したり、情報収集したりし続けていくうちに、特に雇用の自動化に大きく関わるAIにとても興味を持ち、現在はAI分野のスタートアップに軸足を置いています。

❷ロールモデルから学ぶ

活躍している人に話を聞くと、アクションを起こす前に、成功している人の話をちゃんと聞いていたり、成功した人の体験談を徹底的に調べたり読んだりして、成功に必要な要素を最初に洗い出していている傾向があります。例えば、昨年対談でご一緒させていただいた『東大独学』（東洋経済新報社）の著者である西岡壱誠（いっせい）さんも東大に合格した人たちの話を徹底して聞いて、自分なりの勉強法を編み出したとおっしゃっていました。

・インタビューの実施

自分の憧れる、希望する分野で活躍している方に、どのようなプロセスでそこに辿り着いたのか聞いてみると良いと思います。師匠（ロールモデル）の選定をしたら、リスキリングの観点で、以下のような内容について聞くと良いかと思います。

A　独力で準備（学習）したことについて
B　業務を通じて身につけたスキルについて
C　大変だったこと、ぶつかった壁と克服法（例：時間管理、費用捻出、仕事との兼ね合い等）
D　やってみて、やらない方が良いと思ったこと

E 将来目指していること。現在のキャリアから今後どのようなキャリアパスを考えているのか

右記のような内容をインタビューした後に、徹底的にまねるべきことや、自分とのギャップを明らかにし、自分のやるべきことを明確にした上で、リスキリングに取り組んでいきましょう。

❸自分の長所を聞きまくる

自分で何をしたら良いかわからない人におすすめなのは、とにかく自分の立ち位置、現在地を知ることです。特に「向いている、向いていない」の判断は、自己判断に加えて、他者からの評価がとても役立ちます。

そのためのおすすめは、自分の長所をいろいろな人に聞き、どういう点を仕事やプライベートで評価してもらえているのか、必要としてもらっているのかを理解することです。特に、周囲から必要としてもらっていることは自分の強みにもなり、それを土台にリスキリングをしていくと、自分の強みを活かしたリスキリングの方向性を描くことができます。

ついでに改善点も聞いておくと良いと思います。それは自分がリスキリングするべきポイントということではなく、自分の短所をカバーしてくれるような同僚、上司、部下、後輩と一緒に働くと、相互補完ができるからです。

将来目指すべき業務の方向性

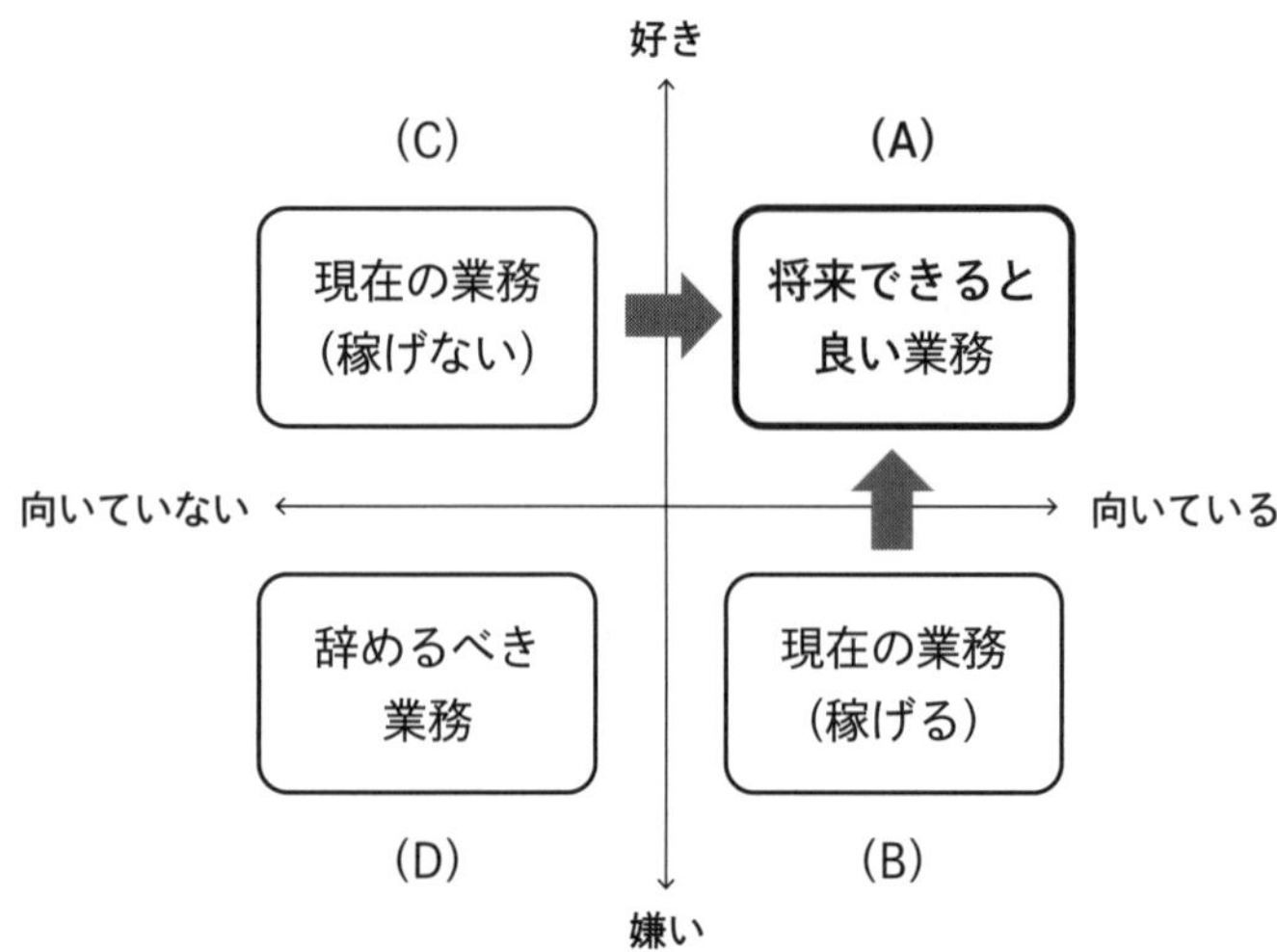

出典：一般社団法人ジャパン・リスキリング・イニシアチブ作成資料

できれば距離が近い人、遠い人、昔の友人など、いろいろな関係性の人たちに自分の長所や短所について質問してみると、自分では気づかない視点、忘れていた視点やアドバイスがもらえます。

❹将来目指すべき業務の方向性を決める

前述の❶❷❸を考慮して、どのような分野のリスキリングを開始するかを決めていきましょう。

まず、(D)「向いていない」かつ「嫌い」な辞めるべき業務からは即座に脱出しましょう。その上で、(B)「向いている」けれど「嫌い」

な業務は、稼げる可能性があるので我慢しつつ、（A）「将来できると良い業務」を目指しましょう。
（C）「好き」だけれど「向いていない」業務は、稼げない可能性が高いので、（A）を目指せるのか、続けていけるのかどうかを冷静に判断する必要があるかもしれません。

何をどう変えると、好きで向いている業務に就くことができるのか、あるいは組織の中での立ち位置を変えることができるのかが明らかになってくると、自分が現在地からどの分野へ向かってリスキリングをすると心地よい仕事ができるのかが見えてきます。

以上、リスキリングに取り組むためのマインドセットについてご紹介をしました。経験したことのない分野のスキル獲得に向けてリスキリングに取り組むのは少し勇気が入りますが、未知の世界に飛び込むことそのものがプロセスの始まりになります。

次章では、実際にどのように学習を進めていくと良いかについてお伝えしていきます。

第2章

学習

1 学習で成果を出す仕組みづくり

学習を構成する10要素

1 学習目的	6 学習分量
2 学習計画	7 学習配分
3 学習方法	8 学習頻度
4 学習内容	9 学習環境
5 学習時間	10 学習習慣

出典：一般社団法人ジャパン・リスキリング・イニシアチブ作成資料

学習を構成する10要素

リスキリングを就業時間内に計画的に行える方、就業時間内に実施ができない方、いろいろいらっしゃると思いますが、以下、学習に必要な考え方として、学習を構成する10要素ごとに、実践方法を展開していきます。

① 学習目的

「何のためにリスキリングを行うのか？」ということについて自分で納得し、腹落ちしていることがとても大切です。理由はどんな理由でも良いと思います。

組織が描く新しい事業戦略に基づいて、リスキリングの方向性や取り組んでほしいことが明確に定められている場合には、それをやるのか、やらないのか、組織で働く以上、選択する必要があります（個人の意志でやりたいことをやって良いという組織は除きます）。人によって千差万別ですが、リスキリングの目的をいくつか挙げてみたいと思います。

❶将来の選択肢を増やす

現在担当している仕事のタスクがデジタル技術の進化によってどんどん自動化していくことがわかっている場合、そのまま現状を維持していると、どうなるか。やがてその職種そのものを人間はやらなくて良い、という結論を経営者が出す確率が高くなります。経営者視点においては、他社とのコスト競争力を維持するために妥当な判断であると言えます。

こうした見通しが立っている業務に就いている方の場合、将来自分が就くことが可能な職種の選択肢を増やすために、リスキリングが有効です。

❷給与を上げる

市場で必要とされており、かつ保有する人材が希少なスキルについては、給与が高くなる傾向があります。現在の日本の雇用慣行においては、高いスキルを持つ人が高い給与をもらえるとは限らない場合もありますが、海外におけるジョブ型雇用からスキルベース雇用への移行の流れに鑑みると、日本でも中長期的にはスキルレベルが給与レベルの判断軸になっていくと考えられます。

そのため、現在の職場で給与が上がらないのであれば、リスキリングに取り組んで市場価値の高いスキルを身につけ、社内に残留するのか（給与交渉は必須です）、社外のオファーを受けるのかを決めることも必要になってくるかもしれません。複数の選択肢を持つことで、残るのか出るのか、を選べるようになるのです。

❸自分自身のアップデート ~成長分野に軸足を移す~

イノベーションが起きづらい、変化のない業界で仕事をされている方が先述の❶❷を考慮した場合、自分自身のキャリアをアップデートし、成長分野での仕事に就くためにリスキリングを行うことも大切です。

あまりに早いテクノロジーの進化により、業界勢力図のようなものがあっという間に変わったり、他業種からの参入で新たな競合が現れたりすることが容易に予想できます。競争環境にない、安定していると言われている業種の企業ほど、こうした突然の変化に対応することが難しく、時間がかかります。デジタルやグリーンといった今後も成長が見込める分野のスキルを身につけ、自分の立ち位置、ポジションを変えて、将来の選択肢を自ら増やしていくのです。

② 学習計画

❶計画を立てるべきか否か

必要となる学習内容がはっきり決まっていたり、試験の出題範囲がある程度決まっている資格取得などの場合には、きっちりと計画を立てて、実施していくことが成果に辿り着く最短距離となります。今まで計画を立てずに大学受験の試験に合格したり、資格取得に成功したりしていた人から何度かお話をうかがったこともありますが、計画を立てるのが苦手な方もいらっしゃると思います。その場合、理想的には、学習に伴走してくれるコーチの方にスケジュール管理、ペースメーカーの役を担っていただくと良いと思います。プロスポーツ選手がトレーナーにスケジュールやメニューの立案をすべて任せるのと同じ発想です。コーチのあてがない人でも、有料にはなりますが、社会人を対象とした学習支援のためのコーチングサービスも多数ありますので、検索して相性の良いコーチを探してみてください。

❷計画を立てる際に気をつけること

・全体の学習量と必要時間を算出し、余裕を持って1日あたりに割り振る

最初に取り組むべきことは、教材の学習に必要な時間が合計どれくらいになるのか、について予測して目処（めど）をつけることです。例えばテキストが全部で２００ページあり、これを30日で終了させたい場合、1日10ページずつ読む計画を立てます。その際、30日ぴったりで終了する計画を立てるのではなく、トラブルや緊急事態、病気など学習に取り組めないことを織り込んで、20日で終了するペースを作ります。「10ページ×20日＝２００ページ」です。もし順調に20日で1回目が終了できたらラッキーです、スケジュールを前倒しして、以下のように2回目に突入しましょう。

・同じ内容を繰り返す期間を必ず用意する（3ヶ月サイクル）

そして1ヶ月で２００ページ読めたとしても、内容が頭に入っていないことを前提に、2回、3回と繰り返して完了と考えます。仕事で疲れたり、睡眠不足が続いたり、出張が入ったり、さまざまな学習阻害要因が発生しますので、テキストを目にする頻度を上げることで習得すると割り切って考えると良いと思います。

・予め学習時間を捻出できない日時を把握して計画すること

仕事や家事、友人との食事等、さまざまなスケジュールによって学習ができない日時を予め計算しておき、計画を無理に詰め込もうとしないことも大切です。我慢し続けることを前提とすると、結果的に三日坊主になりがちです。余裕を持って計画を立てましょう。

オンライン動画を活用する場合には、前述の計画の際に、視聴する動画の合計時間を算出し、1ヶ月単位で割り振ります。自分があまり親しみのない分野の学習を行う場合は、前述の❶でお伝えしたように、学習に伴走してくれるコーチにこの役割をお願いするのも手です。

❸計画表の作成と運用

これについても人それぞれ好みがあると思います。エクセルでガントチャートのような工程表をしっかり作る人、既存の学習アプリを活用する人、iPhoneアプリ「リマインダー」やGoogle Tasksに終了期限を入れるだけで管理している方もいました。計画表の作成と運用の際のポイントについて挙げたいと思います。

・常に目に触れる場所にキープする

昔ながらのやり方で、印刷して部屋の机の前に貼る（まさに受験生のようですが）というのも良いかと思います。常に目に触れる場所として最適です。

僕の場合は、iPhoneのスケジュールにデイリータスクとして事前に毎日17時～18時を「リスキリング」として目立つオレンジ色でスケジュールをブロックし、その日の業務の中で分からなかった専門用語などを書き出して、家に帰った後にGoogleで調べて理解する、といったことをルーティーンにしていました。また、前述のテキストの割り振りや見るべき動画などを具体的に予定としてiPhoneのスケジュールに入力して管理していました。

僕はiPhoneを開いた1つ目の画面にリスキリングというフォルダを作っています。ここにはオンライン動画のアプリなどを入れて、移動時間や休憩時間に見るようにしています。これも常に「リスキリング」することを意識し、実行するためにやっていることです。

また視認性を高くするために、エクセルで作った学習計画表をパソコンの中で開きっぱなしにしておいて、いつでも見られるようにしておくことも大事です。決して階層化したフォルダの中に格納しっぱなしにして計画表の存在を忘れるといった事態にはならないようにします。

ポイントは、リスキリングを日頃の生活の中に自然に溶け込ませることです。通勤、業務時間等の中で目に触れる機会をつくることで、常に意識してリマインドすることです。

③ 学習方法

学習方法については、101ページ以降で触れます。

④ 学習内容

リスキリングを進めていくための学習内容については、人それぞれ何をやるかによって大きく異なります。自身の現在のキャリアから自由に未来を考えていくことが可能です。

しかし働く私たちにとってリスキリングが必要となる最大の理由は、デジタル技術が進化して人間の労働が自動化し、仕事内容の変化に対応していくため、自分のスキルをアップデートしていくことです。そのため、個人の自由であることを前提に、学習内容を選定する上で気をつけると良いポイントについて、以下ご紹介します。

❶労働市場のニーズと将来のトレンド

新しいスキルを習得する目的の1つは、やはり変化する労働市場のニーズに適応していくことです。どの業界やセクターが今後成長していくのか、テクノロジーや経済の変動等、外部環境の変化によって求められるスキルはどのように変わるのか等を把握することがとても大切です。将来雇用が増えていく分野、成長している分野に向けて学習をしていくと将来の選択肢が増えていきます。

デジタル分野、グリーン分野の学習は現在成長分野のため、おすすめです。あと数年で、日本でも宇宙分野の事業が増え、宇宙分野の雇用も増えてくるのではないかと思います。

❷現在の保有スキルや知識を最大限活かす

リスキリングに対する和訳である「学び直し」は誤っているのですが、その中でも「直す」という部分に特に違和感があります。直すのではなく、今まで仕事をしてきた中で培ってきた知識やスキルを活かせることを前提に、新たなスキルを習得するためにリスキリングの方向性、学習内容を検討していくことが大切です。そして新しいスキルが以前の経験や知識とどのように関連しているかを理解することで、学習プロセスをスムーズにし、より迅速に新しいスキルを習得することが可能となります。現在自分の持っているスキルと近い「類似スキル」を発見できると、リスキリングが進めやすくなるのです（類似スキルについて詳しく知りたい方は前著を参照ください）。

❸既に実践が視野に入っている分野を選ぶ

現在では日々の私たちの仕事や暮らしの中で、ＡＩを活用したサービスや製品が一般的になりました。しかし僕がＡＩ分野に興味を持って学習を開始した２０１４年当時は、僕のような文系人材が就けるような仕事はまだ少なく、研究者の方々の間で理論が研究されている段階だったように思います。現在では、ＡＩに関わる様々な職種が生まれ、リスキリングを進めた結果、僕もＡＩ分野の事業開発の仕事ができるようになりました。新しい技術や理論が私たちの仕事の中で一般的な実務として必要となるまでには、長い時間がかかるのだということを、身をもって経験しました。そのため、新しい研究分野などを学習する場合、学習内容が仕事の中ですぐに実践できるかどうかも視野に入れた上で、学習を進めていくと良いのではないかと思います。

例えば、20代の方々とお話をしていると多くの方がグリーン分野で働きたいという話を聞きます。ところが、グリーン分野は欧米でちょうど新しい職種が生まれ始めたばかりで、まだまだ日本では一般的にはなっていない段階です。大学やシンクタンクの研究者の仕事は増えていますが、誰もが就ける仕事にはまだなっていない段階といえます。そのため、学習をする上で近い将来、仕事の中で実践段階に入りそうな、もしくは既に実践段階に入っている分野を学ぶと、将来選択肢の広がるリスキリングを進めることができます。

学習内容については、実際に始めてみて、「面白くないな」「仕事にするには辛いかも」と気持ちが変わることも往々にしてあります。また外部環境の急激な変化で、将来的な価値が変わってしまう可能性もあります。そのため、学習を開始しつつも、柔軟性を持って臨機応変に変えることも視野に入れておくと良いと思います。

⑤ 学習時間

❶時間確保の方法 ～まず短期間ベストな環境づくりを試みる～

まず大切なのは、学習時間の確保は多くの場合、トレードオフだということです。何かをする時間を増やせば、何かをする時間がなくなる、ということです。まずは1ヶ月間で良いので、リスキリングに集中できる環境を整えてみましょう。

リスキリング完了に向けてどれくらいの時間軸で開始するかにもよりますが、まずは短期間集中する環境をつくり、次第にそれが習慣になっていくことが望ましいのではないかと考えます。周囲に協力をお願いすることが必要になってくる場合もあり、そのための説明も丁寧に行う必要が出てくるかもしれません。

❷最大限「減らす」試み

すぐできる試みとしては、リモートワークで通勤時間をなくす、出張を断る（減らす）、出席する会議を減らす、会食を断る、昼休みを早めに切り上げる、場合によっては家事をパートナーに交代してもらうなどを、勇気を持ってやってみましょう。そして1ヶ月がすぎた後、振り返ってみて、2ヶ月目も同様の過ごし方が可能なのかどうか、周囲と相談しながら決めていきます。

少し時間と予算が必要になる取り組みとしては、紙で行っている業務をデジタル化して、タスク終了にかかる時間を削減することもとても大切です。例えば、出席者の多い会議で、大量の紙を印刷して資料を準備するために、どれだけのスタッフの工数を必要とするかを考えれば、全員がパソコンを持ち込み、メールで資料を送って、パソコンで見ながら会議を進めれば、どれだけの時間を削減できるでしょうか。

❸最大限「増やす」試み　～毎日の生活に学習を埋め込む～

以前リスキリングに集中的に取り組んでいた際にやっていた、1週間の中での時間確保の方法についてご紹介します。その前に、僕なりに仕事の分類を行っているので、それをまずご覧ください。

・自分の日常業務の分類

まず自身の平均的な1週間を取り出し、日常業務を以下のＡＢＣＤの４種類に分けてみてください。４色に色分けすると分かりやすいです。

A．自分のためのインプット（学習、情報収集等）
B．自分のためのアウトプット（パワーポイント、原稿書き等）
C．他人からのインプット（自分が依頼したミーティング、コーチング等）
D．他人のためのアウトプット（社内会議、講演、他人から依頼されたミーティング等）

Ｂはなぜ自分のためかというと、自分で考えたことを一旦整理してまとめるためです。自分で納得しないと、他人へアウトプットできないからです。この中で学習時間を確保するという意味で重要なのは、Ａの時間をいかに確保できるかです。また、場合によってはＣの時間もＡによって得た学びを深化させていく上で重要です。

・曜日ごとのテーマ設定

前述のインプットとアウトプットを区別できたら、次にできるだけ曜日ごとにテーマを設定してみてください。

僕の場合は頭の切り替えがあまり上手ではなく、インプットする日ならインプット、アウトプットする日ならアウトプットと分けた方が、パフォーマンスが上がることに気づきました。そのため、ミーティング等のアポイントを一切入れない日、というのを必ずつくっています。これによって、集中力の維持や、ストレスレベルの高い業務からの気分転換などを上手に行うことができます。

一般の会社員でそれを自分で決める選択肢はない、という方も多いかもしれません。しかし完全に曜日ごとにはできなくても、ブロックごとにテーマを意識することはできるのではないでしょうか。僕は月曜の午前中と金曜の午後にはなるべく予定を入れないようにしています。それは週末を挟んで、快適な自分の時間の自由度を上げるためです。

また以前、毎週水曜日はリスキリングの日、と決めてミーティングを入れないようにしていました。調べなくてはいけないと溜めていた海外レポートを読む、SaaS企業のウェビナーの再配信動画を見る、といった形で毎週水曜日はインプットを集中して行うようにしていました。

特にチームのマネージャー以上になれば、一定レベルでの時間のコントロールができるようになりますので、ご自身の曜日別テーマをスタッフの方々に共有してみるのも良いと思います。上司が毎週水曜日にはミーティングを持たずにリスキリングを行うことで、部下の方々も水曜日は心理的安全性を確保しながら、リスキリングに取り組めるという相乗効果もあるのではないかと思います。

・1日の中での学習時間割を作成する

例えば、特定の時間を会社指定のリスキリングのための時間として使える、また週末にまる1日

1日の学習時間割（例）

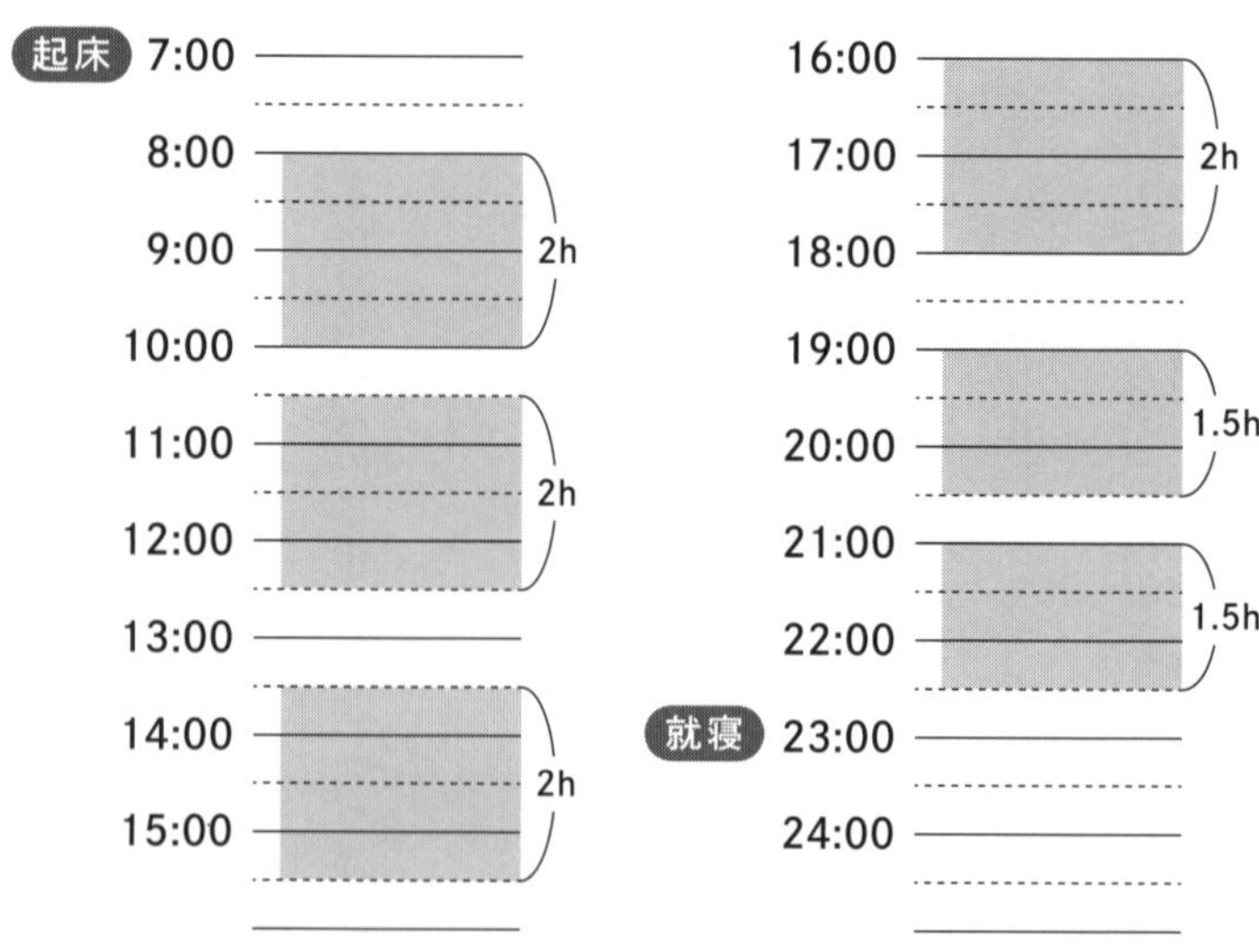

出典：一般社団法人ジャパン・リスキリング・イニシアチブ作成資料

学習に使える日があるとします。その場合に、朝起きてから寝るまでの時間割を決めるのも一つの方法です。例えば1日に1・5hもしくは2・0h単位で、学習時間枠を確保します。

上の場合、2hを4枠、1・5hを2枠で1日に合計11時間の学習時間を確保できます。気力体力集中力に応じて、休憩時間を長くしたりして調整します。

この時に気をつけたいのが、集中しすぎてオーバーヒートして結果的に1日を有効に使えないという事態です。そのため、1・5hとか2・

0hごとにマメに休憩を取って、集中疲れを起こさないようにします。

⑥学習分量

量と質の議論の中でいろいろな意見がありますが、やはり初めて取り組む分野については、一定の分量をこなすことが必要だと考えます。これは後でご紹介する⑧学習頻度とも関連するのですが、全体像を把握する意味でも、多くの量をこなすことを意識しましょう。当然質が高い学習であることにこしたことはないのですが、最初から質を追求するというのは、知見があったり、過去の経験が生きる分野では可能かもしれませんが、リスキリングの場合は慣れ親しんでいない分野に取り組むことが多いと考えると、最初は量をこなすことに重点を置きます。

例えば、英語学習のリーディングにおいては精読と多読の分類があります。読んで字の如く、精読は丁寧に、場合によっては時間をかけてじっくり読むこと、多読は多くの文章を、場合によっては時間をかけずに読むことを指します。多読で多くの英文を読むことで、慣れてきて感覚を掴み、それができるようになってから一つ一つ丁寧に精読をしていく。これを繰り返していくと、短い時間で内容をしっかり理解することができるようになってきます。

僕が40代の頃、一生懸命に人工知能分野の学習をしていた時も全く同じやり方をしました。例えば、人工知能分野のディープラーニングの手法にＣＮＮ(Convolutional Neural Network：畳み込みニューラルネットワーク）というものがあるのですが、日本語の情報があまり出ていなかった頃に英語の情報だけを読んでいてもあまりうまく理解ができませんでした。その際に、「ＣＮＮは人工知能の一つの手法」と割り切って、そこで立ち止まらずに多くの文章や記事に触れるようにしていました。その後、日本語での簡単な解説も出てきて、理解ができるようになりました。

学習分量を増やすだけで、意味を理解しないままで終わらせてしまっては意味がないのですが、取り組み始めの際には、質より量をこなすことを心がけてみてください。

⑦学習配分

これは資格取得を伴うリスキリングを行う方にとても重要です。資格取得に複数科目が必要になる場合に、仕事をしながら限られた時間で準備をするためには、それぞれの科目に対する学習の配分を戦略的に決めないといけません。

人間の性として、気がつくと点数が取れそうな得意な分野を重点的にやってしまいがちです。点数も上がって成果が出ることが分かるので嬉しくなります。ところが、リスキリングの開始時に集中すべきは苦手分野の克服です。まず苦手分野を最低限必要なレベルまで押し上げ、足を引っ張らないようにするためです。学習に取り組み始めた最初の段階では、苦手科目の理解のために時間を配分していきましょう。

一方で、試験の日が迫ってきた時に、得意分野については割いた時間の分だけ成果が期待できるので、追い込みがききます。これが苦手分野の場合、試験直前になって理解が進まなければ、結果に結びつきません。先に苦手科目から向き合うというのはハードルが高いのですが、特に長期的な準備が必要な資格取得を目的としたリスキリングに取り組む場合は、学習の配分として、まず苦手な分野に多く時間を確保して進めていきましょう。苦手分野を先に克服できると、自信につながり弾みがつきます。

⑧ 学習頻度

よほど記憶力が良い方でない限り、新しいことを学習した時の理解や記憶の定着は1回では済まないことが多いと思います。そのため、学習内容をしっかり定着させるためには、学習頻度がとても重要です。具体的には、何度も同じ内容を目にすることができるように、意識的に繰り返すことが必要です。言い換えると、何度も目に触れることができるように再現する仕組みをつくるのです。

「朝に英単語を１００個覚えようと60分時間を使う方法」と、「朝に英単語を１００個覚えるために30分、帰宅後に同じ１００単語を30分、1日で合計60分を使う方法」のどちらの方法が、翌日により多く記憶しているでしょうか？　これは目にする頻度を高くした２つ目の方法の方が結果的に記憶をしているのです。そのため、記憶力を必要とするようなものに取り組む場合は、意識的に反復するために目にする頻度を上げましょう。

例えば、２０００単語を覚えたい場合、平日に１００個ずつ、朝晩30分ずつ計60分、５日間で５００個、５時間費やします。そうしたら、週末土曜日に同じ５００個を1時間、日曜日にも同じ５００個に1時間取り組みます。それでも、結果的に翌週には3割、４割を忘れているかもしれませんが、気にする必要は全くありません。1週目、２週目、３週目、４週目と同じことを繰り返し、1ヶ月の総仕上げに２０００単語を一気に総復習します。この仕組みによって、少なくとも、同じ単語に対して、１ヶ月間で合計４回接することになります。

それでも当然２０００個を完全に覚えられる訳ではないのですが、心配は不要です。実際に英語のニュースを読んだり、ＴＯＥＩＣの過去問を読んだりする中で、学んだ単語が偶発的に登場してくるからです。その時に、「あっ、あの時の単語だ。でも意味を覚えてない！」となったらしめたものです。その時に、その単語が強烈な記憶として、頭に残るので、その後意味を調べると、しっかり覚えられるようになるのです。

このように記憶力を必要とする分野については、学習頻度、目にする回数を意識的に増やす仕組みをつくってください。

⑨ 学習環境

学習環境づくりは疎（おろそ）かにしている人が多いのではないでしょうか。成果を出すために、自分にとって最高の学習環境を整えることを惜しまずやりましょう。

❶学習場所の選択

自分の部屋でないと学習に集中できないという方もいれば、オフィスや図書館、カフェの方が気分が上がるという方もいると思います。自分が継続的に集中できる環境を選ぶと良いと思います。

また机の高さ、椅子の高さや角度、素材などにも配慮し、場合によっては長時間の学習にも耐えられるような快適な状態をつくれると良いと思います。これも人によって好みが異なると思います。

僕は快適なソファなどに座ると眠ってしまうので、適度に緊張感が保てるしっかりとしたデスクに向き合い、体が大きいので、仕事用の大きな椅子に座ります。堅い木の椅子に長時間座るとお尻や腰が痛くなるので、カフェなどで学習する場合は、場所を選ぶようにしています。

また、目に入る情報や耳に入る情報もコントロールしましょう。目の前に人がたくさん歩いている（視界の中で何かが動いている）ような環境では気が散るので、壁に向いて座ったり、騒音が気になる場合は、耳栓をして音をシャットアウトしたりします。人によっては、適度に音がしている方が集中できるという方もいるので、これも人それぞれですね。

❷学習教材の選択

これも人によってさまざまです。学習教材として一般的なものでも、ハードカバーの書籍、電子書籍、オーディオブック、動画などさまざまなものがあります。また小難しい文章を読み続けるのが苦手な方は、最初は漫画形式だったり、図解が多かったりするものを選ぶのも良いですね。

特に学習教材は、後述する視覚優位、聴覚優位という個人の特性によって効果的な教材のタイプが異なりますので、自分にとって快適なものを選びましょう。

⑩ 学習習慣

①～⑨を理解し実践できたら、最後の総仕上げは、いかに学習習慣をつくり、維持するかです。成果を出し続ける人は、オリジナルのルーティーンを持っているといいます。

特にスポーツ選手は試合の直前に決まったルーティーンを行うことで、平常心を保ち最大のパフォーマンスを発揮します。例えば、お気に入りのアーティストの音楽をヘッドホンで聴き、余計な音をシャットアウトして、自分の世界に入り込みます。

学習習慣も同じものだと考えて、スポーツ選手同様、自分の気分を盛り上げるルーティーンをつくることで、「そのルーティーンを始めたら、学習する」と自分の意識に刷り込みます。僕の場合は、まず席に座り、耳栓をし、ある時刻の：00もしくは：30でちょっきり開始、1日のスケジュールを書く、というのがお決まりのルーティーンです。

最初のうちはなかなか学習習慣が身につかず、継続できずに挫折してしまうかもしれませんが、何かリスキリングを続けていて良かったと思えるような出来事、例えば人に褒められたり、仕事で成果が出たりなど、「良いこと」が起き始めると、習慣化していくようになりますので、リスキリングに取り組むことが日常生活の一部になる、習慣化することがゴールです。

学習習慣を身につけ、維持するために必要な要素として、以下の3つをご紹介します。

❶SMARTな目標の設定

「学習目的」で述べた、リスキリングを行う目的がとても大切ですが、その目的を達成するための目標設定が具体的であればあるほど、モチベーションの維持に繋がります。目標設定で重要な

ＳＭＡＲＴの法則に従って、目標を作ってみましょう。

S：Specific（具体的な）
M：Measurable（計測可能な）
A：Achievable（達成可能な）
R：Relevant（関連性のある）
T：Time-Bound（期限を定めた）

ＳＭＡＲＴのどの要素も大切ですが、働きながらリスキリングを進めていくビジネスパーソンにとって特に重要なのは、「Relevant（関連性のある）」だと思います。自分の働いている組織の新しい成長事業に就くためにリスキリングをしていくことが大切なので、その事業に関連する職務に必要なスキルを新しく身につけることがやる気や習慣の維持につながります。

❷スモールスタートで小さく始める

リスキリングに取り組み、成果にたどり着くまでには、取り組む内容にもよりますが、数ヶ月から数年にわたる中長期プロジェクトになります。そのため、❶で作った目標も大きくなってしまう場合も多いと思います。その大きな目標を達成するためにも、まずはスモールスタート、小さな行動から始めていくことが、習慣を維持するためにとても大切です。

いきなり難しいことをやろうとすると挫折してしまう可能性もありますので、コツコツ達成可能なタスクから始めていきましょう。

❸学習を記録し、成果を可視化する

ダイエットを成功させる一つの手法として、レコーディングダイエットという手法があります。食事や体重を毎日記録していき、自分の食生活の傾向や改善点に気づくことで、ダイエットを成功に導くものです。リスキリングにおいても同じように日々の自分の学習成果が可視化されることがとても大切だと考えます。実施した自分の学習の記録を目に見えるようにすることで、やる気を維持し、習慣化を維持します。

自分に合った学習方法を見つける ～「学び方」の適性を見極める～

優先される五感のレベルによって、人によって相性の良い学び方は異なり、心理学も大いに関係すると思います。他人が成功した学習方法が自分にはしっくりこなくても、それは当たり前です。

そのため、まずは自身の過去の学習に関する得意不得意を以下でチェックしてみてください。

① 学習の成果を出すために必要な7つの学習OS（オペレーションシステム）

学習の際に考慮すべき「学習を構成する10要素」については前述しましたが、前提となる学習力についても触れたいと思います。これは個人差が大きく、先天的な要素もあるかと思いますが、仕組み化することである程度補完することもできるのではないかと思います。以下は、学習能力を構成するOS（オペレーションシステム）のようなものだとお考えください。

❶モチベーション（やる気）

・ビジョンと目的

何のために学習するのか、学習後にどうなっていたいのか、自分の将来の姿や学習理由が明確であればあるほど、成果は出やすくなります。例えば僕は自分の人生を振り返ってみて、3回だけ、学習に対するモチベーションが著しく高かった時があります。

学習成果を出すために必要な7つの学習OS

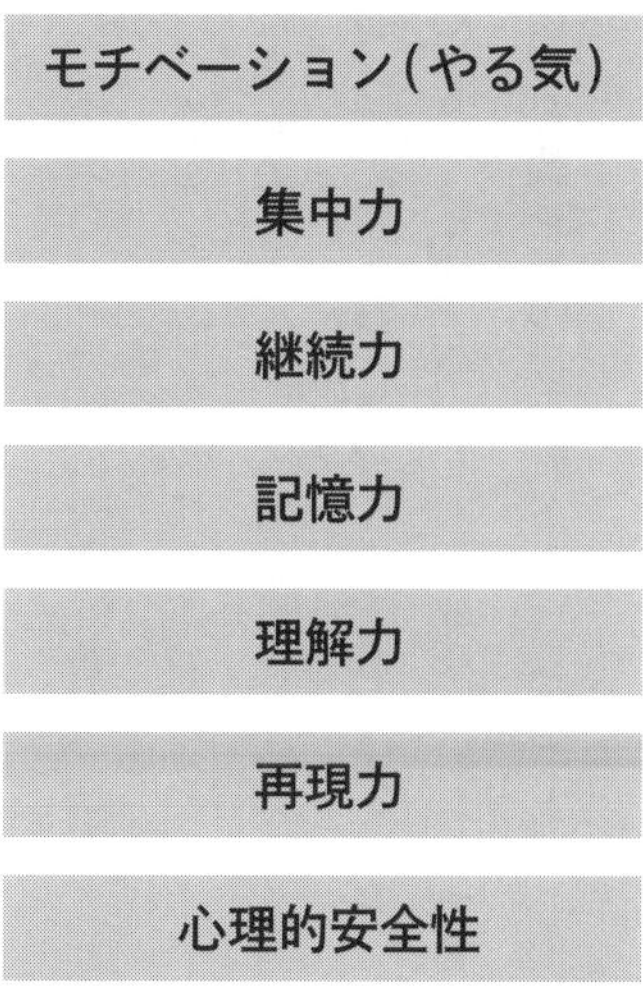

モチベーション（やる気）
集中力
継続力
記憶力
理解力
再現力
心理的安全性

この7つの要素が機能すると、より成果が出やすくなる。

出典：一般社団法人ジャパン・リスキリング・イニシアチブ作成資料

10代：大学受験
20代：グローバル（英語）
40代：デジタル（AI）

高校の3年間僕はサッカーに明け暮れ、全く受験の準備をしなかったため浪人してしまい、浪人中の1年間は本気で取り組みました。また社会人になったものの、毎日睡眠3時間で終電にすら乗れない働き方に馴染むことができず、海外への脱出を図るべく、英語学習を始めました。さらに40代前半に自分のやりたいことを見失い、転職市場における評価が地に落ちていることに気づき、デジタル分野のリスキリングを行いました。

僕の場合は必ずしもポジティブな理由ではなく、このままではまずいという「危機意識」が大きな原動力になっていたのではないかと思います。とにかく環境を変えたいという強い目的意識が働いていたので、真剣にリスキリングに取り組み、一定の成果に結びついたのではないかと振り返って思います。

中には、学ぶことそのものが大好きで、学ぶことそのものを目的化できる方もいますが、僕を含め、多くの人はサボりがちで、できれば学ぶことなどしたくない人が大半ではないかと思います。「学ぶことは楽しいこと」という言葉はもちろんある意味正しいと思うのですが、同時に僕はある種の強迫観念を感じてしまいます。自分が関心のあることを新しく知るということと、新しく仕事に就くために学ぶことは、必ずしも一致しないからです。なぜリスキリングするのか、学習するのかという理由や目的を見つけられると、自分ごととして取り組めるのではないでしょうか。

❷集中力

僕は超本気モードの時は、完全に世間との繋(つな)がりをシャットアウトするため耳栓を耳の奥まで届くように細く潰して入れます。もう少し緩くて良い場合は、AppleのAirPodsのノイズキャンセリング機能を使います。これは程よく外の音も聞こえ、適度な遮断環境を作り出します。単純作業などをする場合には両方使いません。その理由は、ウルトラマンのカラータイマーのようなもので、集中力を使いすぎると長時間は持たないからです（僕の場合です）。そのため、集中力と気力の配分を考えて集中の度合いを決めています。

❸継続力

継続力には短期に必要なものと中長期に必要なものの2種類があるように思います。例えば、試験前などには、数日間集中して継続する力が求められます。一方で、リスキリングのような中長期プロジェクトの場合は、1年から2年といった長い期間、やめずに継続する必要があります。特に、しっかりとした目的がないと、後者のように長期的な継続力を維持することは難しいのではないかと思います。

❹記憶力

・定期的な「見直し」を仕組み化する

学習によって覚えたことをいかに記憶として定着させるかは、本当に一筋縄ではいかないことであるように思います。特に短期記憶から長期記憶に移行させるためには、繰り返し目に触れる機会をつくっていくしかありません。「エビングハウスの忘却曲線」の研究において明らかになっているように、定期的に「見直し」のプロセスを入れ、仕組み化することで、記憶が定着していきます。前述の⑧学習頻度でも触れましたが、とにかく記憶として定着させるためには、同じものを何度も復習し、目にする頻度を上げるのです。

・睡眠の質を上げる

もう一つ記憶力を高めるために大切なのは、良質な睡眠です。眠ることで記憶を定着させるのです。睡眠時間3時間でも記憶力が働くという超人もごく稀にいますが、それは例外で、学習して記憶しようとしたことの6割、7割を記憶させるために、眠るのです。3割、4割は忘れて当然です。

❺理解力

理解のスピードと深さについては、本当に個人差が大きくあります。しかし理解力は、実は日頃の習慣や訓練で高めることができるのです。正しく理解できるものの、時間がかかる場合はとにかく地道にコツコツ取り組むしかないと思います。ウェブでさまざまな解説を読んだり、人に聞いたりして解決して理解を深めていきます。

一番の悪循環は、「分からない」と思ったことを放置して、それに端を発して分からないことが雪だるま式に増えていってしまう場合です。分からないと思ったら、とにかくその場ですぐ質問して解決する習慣をつけることが大切です。

大きな問題が発生するのは、理解したつもりで誤った解釈をしてしまっているケースです。以前チームに、顧客とのミーティング後に、一人だけ全く違う理解をする傾向が強いスタッフがいました。しばらく観察していると「**①前提となる知識不足**」「**②サービスの説明をすることで精一杯で、顧客の話をちゃんと聞いていない**」「**③理解していると思い込む**」といった、いくつかの傾向に原因を分解することができました。そこでそのスタッフには少しでも相手の話が分からないと思ったら、自分の理解が正しいかどうか、必ずすぐに確認をする癖をつけてもらいました。その瞬間に確認をすることで、認識の違いがなぜ生まれているのかが分かるようになり、その人は少しずつ正しく理解することができるようになっていきました。

理解力を効率的に高めるためにも、後述するような自分に合った学習方法を選択することも重要です。

❻再現力

これは少し馴染みのない概念かもしれませんが、学習した内容を適切なタイミングで取り出す力とでも言うのでしょうか。学習した知識を業務で活かす力、応用力、適応力と言い換えても良いかもしれません。ただ知識を持っていれば良いという職種の方を除き、一般的には学習したことを実際の業務の中で応用することが必要とされます。そうでなければ、リスキリングは無意味なものになってしまいます。

リスキリングのプロセスにおいて学習することは大切なのですが、学習は目的ではありません。新しく身につけたスキルを業務の中で活かして課題を解決したり、成果につなげていくことが最も重要なのです。

例えば人工知能を使って業務プロセスを効率化する際、オンライン講座で学んだ画像認識や自然言語処理といった手法をクライアントの業務改善でどのように役立てるのかといった場合に、この再現力が必要となります。ここぞというときに学習内容を取り出して適用できるかどうかは、今後ますます大切になっていきます。

❼心理的安全性の確保

近年、職場環境の改善、働き方改革の延長線上に必要とされている心理的安全性ですが、実はリスキリングにおいても、心理的安全性の確保はとても重要です。

分からない、と言っても自分で考えろと言われない
知らない、と言っても馬鹿にされない

続けられない、と言っても見捨てられない

こういった環境が整っていると、安心してリスキリングに取り組むことができるのです。

以前、従業員が「知らない」ことを極端に社長が馬鹿にする文化の会社の話を聞いたことがあります。従業員みんなのやる気が削がれ、自信を失い、成長できずに辞めていくそうです。こういった環境からは一刻も早く距離を取り、自分のパフォーマンスが上がる場所を確保するために努力した方が良いです。

以上の7つの学習OSが揃っている状態で学習を始めること、もしくは7つのバランスを維持しようと調節することが、成果を出すためには必要です。

② 自分に合った学習方法を見つける

❶五感を活用した自分の学習法

記憶の定着とモチベーション、集中力の維持に向けて、最適な学習方法を自分で把握することはとても大切です。五感といえば、視覚、聴覚、触覚、嗅覚、味覚の5つを指しますが、特にリスキ

リングの学習フェーズにおいては、視覚、聴覚、触覚が大切になります。

視覚はもちろんテキストを読んだり、動画を見たりする際に、聴覚は動画の音声を聞いたり、オーディオブックで学んだりする際等に重要な役割を果たします。では触覚はどんな時に使うかといいますと、以下のような形でさまざまなツールを使う際に用います。

- **文字を書く**
- **キーボードを打つ**
- **スマホ画面をクリックする**
- **VRのコントローラーを操作する**

よく「書いてみないと覚えられないんだよね」とか「自分でキーボードをタイプして再現すると頭に入る」という話を聞きますが、それは触覚による体験が記憶に影響しているからです。

次に、嗅覚はどうでしょうか。直接的に記憶力を高めるために利用できるかどうかは個人差があるように思いますが、アロマテラピーを活用して、リラックスし、集中力を高めるという方もいらっしゃるようです。

以前僕が会った人の中に、勉強する時にお香をたくという方がいらっしゃいました。理由を尋ねたところ、高校時代に受験勉強をしていた時に、実家でお香の香りが家中に充満していて、それを思い出すとリラックスして集中できるからだそうです。これは「プルースト効果」と言って、特定の香りをかいだ時に、それにまつわる過去に経験した気持ちや記憶が呼び起こされる現象で、これを上手に活用して集中力を高めているのだと思います。

僕自身にはこのような学習と香りが結びつく経験はあまりなかったのですが、自分に合った学習環境を整えるために何が必要かを理解していることが大切ですね。

最後に味覚ですが、『ドラえもん』の世界の「アンキパン」のようなものが開発されない限り、味覚によって学習が進むというのはまだ現代の科学では難しいかもしれません。あえて味覚つながりで考えると、記憶力に効果がある食べ物というのはよく取り上げられていますよね。

リスキリングにおいて大切なのは、自分の気持ちを盛り上げる食べ物や飲み物を摂取することで、ちゃんと行動に移す習慣をつけることだと思います。例えば、チョコレートを食べたら学習するとか、毎日ＤＨＡを摂取しているから記憶力が良くなっているはず、と自分に言い聞かせるのも、リスキリングの継続に役立つのではないかと思います。勝ち続けるスポーツ選手が試合の大事な場面で自分に言い聞かせることと同じ効果です。とんかつでも、キットカットでも、自分のやる気を起こさせるものに乗っかったもの勝ちですね。

❷インプット方法

❶で紹介した五感をフルに使って学習していく方法ですが、人によって相性があるように思います。視覚優位、聴覚優位という表現がありますが、目から学んだ方が良い人、耳から学んだ方が良い人がいるということです。

〈視覚優位の方〉

代表的なインプットは教科書を中心としたテキストですが、動画も記憶に残る刺激という意味ではとても良いと思います。僕は映画をたくさん見て、英語のリスニングとスピーキングの力を上げました。

・オンライン動画

何を学んだら良いかがはっきりしている人に、特にオンライン動画はオススメです。手軽にアクセスできる一方で、量が膨大すぎて選ぶのが大変という方もいらっしゃるので、プロが選んでくれるキュレーション機能つきのサービスを選ぶと良いと思います。オンライン動画の中には、どなたでも無料でアクセスできる講座も出ていますので、自分のペースで学習を進めていける方に向いているのではないかと思います。

・漫画

「漫画で学ぶ〜」といったタイトルのシリーズもたくさん出版されていますが、学ぶべきことをすべて漫画だけでカバーするほどのラインナップはないので、馴染みのない分野の入門として読むにはとても良いのではないかと思います。

・ウェブサイト

僕の最近の学習方法は、パソコンの画面を分割して、左側にウェブサイト、右側にメモを開いて、情報を読みながら、大切なポイントをコピペしてメモを取り、自分の思いついたアイデアを同時に書きながら学ぶ、というものです。メリットはデジタル分野やグリーン分野の最新情報へアクセスしやすいという点があります。デメリットはいろいろな情報が一気に入ってきて、注意が他のものに向いてしまったりする場合が多々あることです。

・雑誌

以前、書籍は嫌いだけれどビジネス雑誌は好き、と話していた方がいました。理由を聞いたら「書籍だけだと疲れるけど、頻繁に写真や図が雑誌は出てくるので、飽きずに読み続けられる」ということでした。なるほどと思い、本当に人によって快適な手段、メディアが違うんだと感じました。

ビジネス誌は厳選された記事がコンパクトにまとまっているので、良質な情報を短期間で得るためにはおすすめです。

・書籍

書籍は一定のチェックを経た内容の濃いものが多いので、深く理解したい場合には数冊同じテーマのものを読むことで、全体像を掴むことができ、効率的です。ただし僕のように無味乾燥な説明に耐性のないタイプの方は、昔の教科書のようなわかりづらく文字が多い本は避けたほうがよいでしょう。

〈聴覚優位の方〉

代表的な方法はポッドキャストとオーディオブックです。日本でもAmazonのAudible、オトバンクのオーディオブックなど、近年ラインナップが充実してきています。なんといっても「ながら」で聞くことができるので、移動中なども含めていつでも手軽に聞くことができますが、集中してメモを取りながらといった学習が必要な場合には、不向きな面もあるかと思います。

僕の場合は音から学ぶより、音を遮断して活字を読む方が理解度が高まります。公園をランニングしたりする時にポッドキャストを聞くということを今まで何度か試みたのですが、目から入ってくる情報の方に気を取られて、聞き落としてしまい、何度も再生するなんていうこともありました。自分は視覚優位なのだと自覚しました。

❸アウトプット方法

学んだことを記憶する、定着させるためには、とにかくアウトプットすることが一番です。手帳などを含め、紙に書いて学ぶ方もとても多いですね。僕は図で整理するアイデアが浮かんだ時だけ、A4の紙に書きますが、それ以外はすべてPC上でwordやAppleの純正メモに書きます。

またブログに書いて整理するのもとても効果的です。自分が知りたくて学んだことは人にも役立つはずだと思って、発信してみるのです。「実は私も知りたいと思っていました！」と共感してくれる人、誤っている点を訂正するコメントをしてくれる人、さまざまな反応があるかもしれません。

僕がリスキリング中にやっていたのは、いつか人前で話す機会が来るかもしれない、とパワーポイントに学んだことを書き、自分の考えや伝えたいことと織り交ぜていくことでした。これは学んだことを自分の記憶に定着させるためにとても有益でした。人に説明しようと思うので、質問されたら説明できるように、さまざまな角度から調べる原動力になりました。

２０１７年頃からリスキリングについて調べた内容を残したメモ、リンク、図や写真を整理したものが、現在とても役に立っています。後述しますが、このアウトプットが財産となって、セカンドキャリアにおいて個人事業主になったり、起業したりする際にとても役立つことになりますので、ぜひ学習内容をアウトプットする習慣を身につけておいてください。

❹仲間と一緒に学ぶ、人から学ぶ

学習を進める上で一人で学ぶ場合と、仲間と一緒に集団で学ぶ方法とあります。前作で紹介した、CBCs（Cohort-Based Courses）やCBL（Community Based Learning）と言われる学び合いを含む学習方法も理解を深めるため、モチベーションを維持するために効果的です。一定レベルの料金はかかりますが、コーチや先生から学ぶのも短期間に集中して理解度を上げるにはおすすめです。

人から学ぶメリットは、学習内容の全体像が見えていない、何から始めたら良いか分からない場合に、人に教えてもらって何をやらなくてはいけないのかをさくっと把握するにはとても良いです。また難しい内容に取り組む場合は、人に質問をすることで、躓（つまず）きそうなところで助けてもらうことができます。

以上お伝えしてきたように、学習で成果を出すためには、「仕組みづくり」がとにかく大切です。学習時間を捻出し、自分にあった学習方法を見つけ、継続できる環境を維持するのです。気持ちが折れそうな時のために、「リスキリング＝1人でオンライン講座などで学ぶ」という固定観念に縛られず、一緒にリスキリングに取り組む仲間、教えてくれる先生やコーチを確保することも、仕組み作りの上でとても大切です。

ここまでマインドセットと学習について触れてきました。やる気の創出や学習方法に関しては、数多くの素晴らしい書籍等がありますので、ぜひ自分に合った学習方法を見つけ、継続の仕組みづくりを行ってください。

次章からは、いよいよ日本のリスキリングの議論の中で触れられることが少ないスキルの実践についての話に入ります。

第3章

スキル

1 これからはスキルの時代

スキル概論

① スキルとは何か？

スキルとは何か、これは本当に人によって捉え方が異なるのではないかと思います。

スキルとは「**（経験や訓練によって得る）技能**」という意味です。また業務においては、**特定のタスクを実行するために必要な能力**であるとも言えます。大切なのは、経験を通じてスキルは獲得され、レベルが向上していくということです。先天的に持っている能力というよりむしろ後天的に新しいことを学びながら経験をして身につけていくことが可能です。

ただしスキルという言葉が利用される際には幅広く考える必要があります。例えば、企業がデジタルトランスフォーメーションを遂行していくために優秀なプロジェクトマネージャーを育てる必要があるとします。その際、「プロジェクトマネジメント」のスキルを持っている人、ということで、プロジェクトマネジメントそのものをスキルと捉えることもできます。しかしプロジェクトマネジメントのスキルはさらに細かいスキル群から構成されているとも言えます。

例えば、Indeed社によれば、プロジェクトマネージャーが身につけるべきスキルとして20個の能力が挙げられています。

コミュニケーション能力、リーダーシップ、情報整理力、交渉力、チーム管理、時間管理、リスク管理、問題解決能力、予算管理、動機付け、テクニカルライティング（技術文書の作成）、適応力、ＩＴの豊富な知識、報告スキル、傾聴力、情報収集能力、対人スキル、プロジェクト管理手法、規定に関する知識、対立解消スキル

ここで挙げられている「ＩＴの豊富な知識」というのはスキルではなく、「知識」ではないかとも考えられます。しかし「ＩＴの豊富な知識を使うことができる」ことはスキルであるとも言えます。つまり、ある知識を利用することができることは「技能＝スキル」であると言えます。

例えば、現在世間を席巻しているChatGPTはPython（パイソン）というプログラミング言語が用いられています。Pythonそのものはプログラミング言語の名称なのですが、「Aさんは Pythonを使っ

てプログラミングするスキルを持っている」と表現することもできます。しかし、「Pythonとは？」という質問に対して教科書を読んで知っているだけ、ではスキルとは言えないかもしれません。

そのためスキルの数はどれくらいあるのかという質問に対しては、何をもってスキルとカウントするのかという基準によって答えが大きく異なるのです。知識とスキルの境界線も、どのように定義するかによって異なります。

② スキルの寿命を理解する

❶スキルの需要発生から消滅のサイクル

実はスキルには発生から消滅まで（正確には需要がなくなるまで）のサイクルがあります。まずスキルが生まれた段階では、スキルの需要が少なく、保有している人も少ないため、市場価値が高く、給与も高くなります。そして徐々にスキルの需要が増加するにつれて、スキル移転が進み、仕事の数が増えていきます。そしてある一定のタイミングで需要が下がり始め、給与も下降局面に入り、労働市場からそのスキルの需要がなくなっていきます。

ここから学べることは、スキルは陳腐化していくため、新しいスキルを身につけていくために、「リスキリングをし続ける」ことが大切だということです。

❷スキルの寿命を示すさまざまなフレームワーク

米国でリスキリングプラットフォームを展開するGuild Educationが提唱しているコンセプトに、スキルはソフトかハードかではなく、耐久性があるか、陳腐化しやすいかだ、という考え方があります。以下の3種類の分類はスキルの耐久性に基づいた分類で、それぞれ半減期を迎えるまでの時間を示しています。

・耐久性があるスキル：7年以上

マインドセットや気質に関するもの。

例えば、デザイン思考、プロジェクト管理、コミュニケーション、リーダーシップなど、いわゆるソフトスキルにあたるものです。

・半耐久性があるスキル：2・5年から7・5年

産業・業界に関係するフレームワークなど。

例えば、産業に関する基礎知識など、その分野特有の技術。その分野が進化したり成長したりすると、置き換えられる可能性が高くなります。

・陳腐化しやすいスキル：2・5年と同等かそれ以下の期間

例えば、専門性が高いものやプログラミング言語、組織特有のもの。更新頻度がとても高く、変化しやすいスキルです。

また別の指標として、Coursera（コーセラ）のGlobal Skills Report 2021で発表されたスキルの寿命についての調査結果もとても興味深いものです。ビジネススキル、テクノロジースキル、データスキル、それぞれの半減期の期間について発表しています。

リーダーシップやマネジメント、起業家精神などのビジネススキルは20年近く耐用年数があります。そしてテクノロジースキルやデータスキルにおいては、例えば人工知能分野の機械学習のスキルは10年以下になっています。これはChatGPTの登場によって明らかになりましたが、生成ＡＩの分野などはわずか5年間の間に大きな進化を遂げ、注目される基盤モデルが次々と変化していっているのです。

③スキルの寿命から自分が生き残るためのスキルを明らかにする

このように、スキルには寿命があり、また耐久性のあるスキル、陳腐化しやすいスキルがあるこ

フォーカスすべき自分のスキル

	生き残る	消えてゆく
強いスキル	◎（A）	△（C）
弱いスキル	○（B）	×（D）

出典：一般社団法人ジャパン・リスキリング・イニシアチブ作成資料

とを理解した上で、自身の持つスキルを次のように分類してみましょう。

分類した結果、自分が今まで所属してきた業界や職種固有のスキルで変化の兆しがあるもの、デジタル技術の進化で急激に変化し、アップデートが必要なものなどは要注意です。

❶生き残る、強いスキル

このマトリクスの中で一番大切なのは、もちろんセクション（A）の生き残る、強いスキルです。

僕自身の場合は、動物として生き残るサバイバルスキル（生存スキル）や、新しいことを追いかける知的好奇心などは、これからも生き残る、自分の強みとなるスキルだと考えています。

これが日本国内の仕事からグローバル、そして次にデジタル、そしてこれからグリーンを目指す原動力のベースになっています。これがもととなって、ゼロから新しい事業を立ち上げる、日本企業の海外進出支援や、海外企業の日本進出支援などがコアスキルになっています。英語ではBusiness Developmentという領域になります。

また自分自身を「リスキリング」するスキルもこの10年で獲得してきたものだと考えています。あとは相談に乗るスキルとでも言うのでしょうか。人の相談に乗ることは中学生時代から一貫してやってきているので、これも自分のスキルです。

❷生き残る、弱いスキル

次に大切なのは、（B）の生き残るけれども弱いスキルです。

僕自身の場合は、経験してきた業界が、金融、コンサル、教育、NPO、通信、モバイルが基礎になっていて、デジタル分野のリスキリングを始めてからは、フィンテック、AI、ブロックチェーン、メタバースの分野のスキルを身につけてきたと言えます。ただそれぞれ専門性が高い訳ではないので、アップデートし続けないといけないと思っています。そのため、デジタル分野のスキルは生き残ってはいくものの、自分としてはまだまだ弱いスキルだと考えています。

また、グリーン分野も最近力を入れているスキルです。まだ具体的な業務を通じてグリーンスキルを身につけたことはないのですが、どういったグリーンスキルがあるのかリサーチをしたりして、知見を得ている状態なので、まだまだ弱いスキルだと考えています。

❸消えていく、強いスキル

消えていくけれど強いスキル（C）については自分の雇用を維持するための過渡期のスキルで、いずれ頼れなくなる、手放さなくてはいけなくなるものなので、注意が必要です。例えば、作業を正確に行うオペレーションスキルは、今後生成AIなどに次々と代替される可能性があるため、作業系の仕事が得意な方はリスキリングによって、異なる分野でそのスキルを活かせるようにしていく必要も出てくるのではないかと思います。

僕自身の場合は、AIの分野の動向や知識は必死にキャッチアップしてきた分野です。AIの業界で働き始めて5年目になりましたが、5年前に話していた当時は最新だったことが、どんどん技術の進化で当たり前に変化し、話す営業トークの内容も本当にガラッと変わりました。常に知識のアップデートが必要になっています。

❹消えていく、弱いスキル

消えていく弱いスキル（D）は固執してはいけない、手放すべきスキルです。

僕の場合、銀行という特殊な環境にいたが故に、以前はファイナンスの知識や経験、スキルがありました。当時はこれらが強いスキルだったため、フィンテック業界への転職ができました。しかし長らく知識のアップデートができていない上、ファイナンス分野は自動化の影響を著しく受け、労働の自動化が進んでいるので、もう自分にとっては頼れないスキルになってしまったのだと今では考えています。

④「自分の強み」を明らかにし、残すスキルを決め、リスキリングに活かす

前述のように自分のスキルの寿命を把握できたら、ぜひ、皆さんの「生き残る、強いスキル」を明らかにしてみましょう。その際、ぜひ74ページで紹介したご自身の「将来目指すべき業務の方向性」も考えた上で、リスキリングに取り組み、新たなスキル習得をしていくと良いでしょう。リスキリングの方向性を決める上で活かしてみてください。

例えば、「自身の強みとなるスキル×デジタルスキル」でどんな可能性が考えられるでしょうか。強みとなるスキルに希少性があれば、今後需要が高まっていく可能性に期待ができます。

生成AI（ChatGPT）時代を生き抜くリスキリングOSとは

リスキリングの成功体験がもたらす市場価値として、前作で、「リスキリング成功者が持つ７つの価値」を取り上げました。生成ＡＩが急速に進化したことで、リスキリングを成功させるスキル

そのものがさらに重要になったと考えています。リスキリングを推進するためのＯＳをまず築き、その上にソフトスキルとハードスキルを載せて動かすというイメージでしょうか。

新型コロナウイルス感染症の影響で大きく仕事観が変わり、リスキリングすることでより良い職場環境や給与を提供してくれる企業への転職が増え始めていることを考えてみても、これからは採用の条件等の中で、「リスキリング経験があること」が重要視されてくるのではと考えています。

前作で取り上げたようにリスキリングを成功させた経験を持つビジネスパーソンの価値としては、以下の7つの能力が挙げられるのでは、と推察することができますので、改めてご紹介します。

① 未来志向の考え方

リスキリングを行う人は、外部環境の変化を捉え、自分の将来の方向性やキャリアパスについて考えた結果、行動に移すのだと言えます。場合によっては、現在の職務を継続することに不安を感じるからかもしれません。いずれにせよ、未来に向けて現状を変えようとする「未来志向」の人であることが分かります。企業の変革期に用いるシナリオ・プランニングのように、自分の人生の未来を見据えているが故に、リスキリングに取り組むことができるのです。

②変化への適応力

現在の仕事や職務をそのまま継続していて大丈夫と考えるのではなく、激しく変化する外部環境に適応してゆくべく、自分を変化させる「適応力」が高いと考えられます。シリコンバレーでは、この適応力を計測する適応指数、AQ（Adaptability Quotient：適応指数）を向上させるプログラムなどに注目が集まっています。今後も著しく外部環境が変化していくと仮定すると、企業にとって「変化への適応力」がある人材はとても魅力的です。

③キャリアオーナーシップ

ここ数年、日本では自分のキャリアパスを自ら構築していく「キャリア自律」という考え方が主流になってきました。自らのキャリアを自ら構築していくキャリアオーナーシップを発揮できる人材を育てるにはどうしたら良いのか、と僕もよくご相談をいただきます。

リスキリングを成功させる人は、自ら自分のキャリアを創っていくことができる人だと言えます。またリスキリングを成功に導くまで努力できるということは、英語でよく使う褒め言葉である「self-disciplined（自己規律のある）」、つまり自らの生活を律することができる人であるとも言えます。

④ 学習能力

言うまでもなく、学習能力が高いこともリスキリングに取り組むビジネスパーソンの能力として証明できます。DX（デジタル・トランスフォーメーション）、GX（グリーン・トランスフォーメーション）、SX（サステイナビリティー・トランスフォーメーション）といった企業変革が求められる現在、所属組織の新たな方向性を先取りして、自ら学ぶことができる人材は喉から手が出るほど欲しいはずです。

特に、海外企業の採用面接においては、fast learner（習得の早い人）であることが、とても評価の高いポイントになります。

⑤ 継続力

通常の業務タスクをこなし、日々のさまざまな予定外の出来事やトラブルに直面しながらリスキリングを行い、成果に結びつけるためには、並々ならぬ努力が求められます。好きだから続けられる、といった場合もあるかもしれませんが、いずれにしても、リスキリングを完了するまで行う「継続力」があることを示すことができると言えます。

⑥ストレス耐性

⑤の継続力に加え、ストレス耐性が高い人という判断もできるかもしれません。

所属組織の方針との葛藤の中で、自分の望まない方向にリスキリングをしなくてはいけなくなる方もいます。

リスキリングを進めていく上で、途中で挫折してしまうような辛い出来事が、仕事であれ、プライベートであれ、起きる可能性もあるでしょう。そうした中でリスキリングを継続できるということ、そして「知らないこと」「分からないこと」に立ち向かってゆくことができるのも、「ストレス耐性」の証明であると言えます。

⑦目標達成能力

最後に、上記で述べてきた①から⑥の集大成として、リスキリングを成功させるという「目標達成能力」が高い人材であることを証明していると思います。

多くの場合、リスキリングは短期プロジェクトではありません。海外の調査結果で、成果が出るまで平均で約12ヶ月から18ヶ月かかるという試算も出ています。「goal-oriented（目標指向型の）」

であることも、海外企業含め採用面接で高く評価されるポイントです。

今まで以上にこれから注目されるスキル

① グローバルスキル

少子高齢化が進む中、日本市場そのものの成長性はこのままでは危うくなり、マーケットバリューが下がり続ける可能性が高いです。そしてこれから中高年というカテゴリに入る方は（既に入っている方は当然）放っておくと、年齢と、日本市場で働いていることによる市場価値の低下（少子高齢化等）が二重に襲ってきます。それに打ち勝つには、デジタルとグローバルのスキルを併せ持つことが最強です。

日本でとても多い誤解ですが、「英語を話せる＝英語を使う業務のことならなんでもできる」と思われがちです。しかし、英語を話せる方なら分かっていただけると思いますが、英語を話せる、聞き取れることと、例えば通訳をするスキルは全く異なるものです。そして、本物のバイリンガル（帰国子女等でどちらの言語もネイティブスピーカーレベル）でない限り、通訳という仕事は恐ろしく脳が疲労し、長時間の集中力は続きません。国際会議などで同時通訳を担当するプロの方は15

分程度担当したら、別の方と交替して脳を休めます。

これは実際に僕に起きた話です。ある会社で働いていた時に海外出張して出資を含めた提携交渉を行うことになりました。僕は常々、交渉する役と通訳を切り分けてほしいというお願いをしていました。また、提携交渉など契約に関わることは段階的に議事録として記録に残す必要があるため、食事時など、メモを取れない時に交渉の細部を詰めるのはやめてほしい、とお願いをしていました。

しかし社長に聞き入れてもらえず最悪な事態が起きてしまったのです。社長、僕、海外企業の方とでミーティングをした後に会食をすることになりました。その際に交渉の細部について、社長が興奮して話し始めてしまったのです。

その時、僕は何をやったかというと「①食事をとりながら」「②通訳を行い」「③交渉を行い」「④英語でメモを取る」という1人4役をわずかランチ1時間の間にやる羽目になったのです。食べることを除くと、英語での交渉、英語で議事録を書く、通訳をする、という3つのスキルを同時並行でこなすことになったのです。

実は通訳をやっていると、通訳に集中しないといけないので、交渉の内容を考えることが疎かになりがちです。また英語で話せる人が、必ずしも英語で議事録が書けるとは限りません（聞き取れても、スペリングが分からないということが頻繁にあります）。

その日、僕は朝から夜まで休憩もなく、ずっと交渉と通訳を続け、知恵熱という言葉がありますが、あまりに疲労困憊(こんぱい)で帰国する飛行機の中で本当に発熱して寝込む羽目になりました。

僕はそれ以来、交渉と通訳を一緒にやる役を断るようにしています。この2つは全く異なるスキルだからです。そして英語での議事録を取る係も別の人に担当してもらい、自分は交渉の中身に集中できるようにしています。

これからますますグローバルな競争が加速していく中で、生き残りをかける日本企業には海外進出が求められ、また海外企業が日本市場に参入してくると思います。グローバルビジネスを進めていく中で、自分はリサーチ役なのか、交渉役なのか、通訳なのか、議事録を書く等のオペレーションタスクを担うのか等、どの役割なのかによって、身につけるべきグローバルスキルは異なります。

② ストリートスマート ～すべての人に必要となる正解思考からの脱却～

❶ストリートスマートとは、生成AI時代に求められる「世渡り上手」力

日本では耳慣れない言葉ですが、勉強が得意な人を指す academic-smart（アカデミックスマート、book-smart とも言います）と対比されるものに、street-smart（ストリートスマート）という言葉があります。生きていくための知恵がある、困難や危険に対応するために必要な経験や知識を持って

いることを意味します。

アカデミックスマートはいわゆる義務教育を含む正式な教育によって培われるもの、ストリートスマートは人生経験や実際に困難を乗り越えることで培われるものです。ストリートスマートな人が持っているスキルとしては、

- **人に溶け込む力**
- **周囲に対する観察力**
- **状況を理解する判断力**
- **トラブルを回避する力**
- **生きていくための知恵**

などが挙げられますが、日本語で「世渡り上手」と呼ばれる方は、このストリートスマートさを兼ね備えているのではないかと思います。僕はこのストリートスマートさを「世渡り上手力」と勝手に呼んでいます。

❷アウトプット（実践）重視の時代に必要なストリートスマート

アカデミックスマートとストリートスマート

インプットだけではなくまず行動、アウトプット比重を増やそう

出典：一般社団法人ジャパン・リスキリング・イニシアチブ作成資料

ChatGPT等の生成ＡＩの本格的運用が始まった際に必要になるのが、人間が本来持つ「ストリートスマート」です。では、特にホワイトカラーの仕事で重要視されてきたアカデミックスマートさについては今後どうなるのでしょうか？　もちろん、今までも重要であったように、これからも重要です。しかしこれからは、アカデミックスマートさとストリートスマートさのバランスがとても大事になると考えています。

一つの行動や意思決定が行われる際には、アカデミックスマートな知識を起点に行うか、それとも、ストリートスマートな経験値、勘のようなものから行うかという、２つの選択肢があります。どちらを起点にするかはその人次第ですが、アウトプットして失敗したら新たなインプットを、インプットだけでは不完全な場合にアウトプットで補うといったように、知識と経験を織り交ぜたバランスが、とても不確実な世の中では必要になってくるのではないでしょうか。

例えば日常の業務においてどのように活かせるでしょうか。今まではレベルの高いインプットによって、素晴らしい中期経営計画を立案したりする能力については高い評価を得ることができていました。ところが、より正解に近い仕事はこれからどんどん進化していく生成ＡＩによってカバーされていく部分が増えてきます。つまり人間への期待値として、仕事の中でのインプットの部分の比率が圧倒的に下がり、人間に求められるのは、アウトプット部分、実践になるのです。

これからはそうした変化に伴って、実践する、アウトプットで評価される比率が高くなっていくと考えられます。

❸日本人が今強化すべきストリートスマート　～検索から探索の時代へ～

これまで情報収集の際には、Googleなどを活用して、正解となる情報、探している情報を人間が「検索」する時代が続いていたわけですが、これからの時代は正解は生成ＡＩが出してくれるので、問いそのものを「探索」する力が人間には求められていくのではないでしょうか。

例えば、大昔は今まで行ったことのない未開の地を歩く場合には、羅針盤を使って、勘と経験を頼りに歩いていたのだと思います。現在はもちろん、スマホでGoogleマップを見れば知らない土地でも以前と比べて簡単に歩けるようになりました。例外的にバッテリーが切れたり、インターネットに接続できない環境では、以前と比較して著しく無力になる可能性もありますが。

海外生活を経験し、他地域と日本を比較するようになってから、日本人は全体的にこのストリートスマートさが弱いのではないかと感じています。あえて言うなら、今までの日本では、この力はあまり必要とされてこなかったのではないかと思うのです。良くも悪くも平和だったからです。

例えば、東京に住んでいれば、地下鉄は数分おきに正確に走り、人に道を聞いたら、正しい場所を教えてくれるか、知りませんと回答してくれる。ものごとがスムーズに運ぶ確率が海外と比較するととても高いのです。海外に住んだことがある人なら分かると思いますが、海外では電車の時刻表などあってないようなものですし、道を聞いてそのまま従って行ったら、とんでもない場所に辿り着く、といった経験を普通にします。道を知らないのにいい加減な回答をする人もいます。日本は世界の諸外国と比較すると、極めて特殊な「予定調和」の国だと感じます。そのため、ストリートスマートさのようなものの必要性が低く、重要視されてこなかったのではないでしょうか。

しかし少子高齢化による人材不足やコストカットなどで、サービスのレベルが低下していき、将来は従来日本で享受できていたレベルのサービスは受けられなくなるかもしれません。海外では必須の生きていくための知恵、ストリートスマートさの重要性が増していくように思います。

前述のような生活においてのみならず、日常の仕事においてもストリートスマートさが人間の勝負どころになるように思います。正解はＡＩが出してくれるので、人間の仕事は、例えば、お客さんが喜んでくれるサービスを考える、チームのメンバーの気持ちを察して先に動く、予定通りの場合には起こりえないようなトラブルを収拾する力を発揮するなど、どんどん「探索」をする力が求められていくのではないでしょうか。

❹生成ＡＩ（ChatGPT）時代に求められるストリートスマートさとは

ビジネスパーソンが予測不可能かつ不確実な時代を生き抜いていくために必要なＯＳとして、ストリートスマートさはとても重要になると考えています。アカデミックスマートな能力はChatGPTのような生成ＡＩにある意味で預けてしまい補完してもらう。人間は探索していくためのストリートスマートさのアップデートを続ける。ストリートスマートさは、不確実な時代のサバイバルスキルと言っても過言ではないかもしれません。

例えばChatGPTの使い方においても、ストリートスマートさが加わると、より有効活用できるように思います。

・ChatGPTからの情報活用は、スピード、行動力、変化対応力が必要

ChatGPTは現在の時点では、リアルタイムで毎回検索結果が違うとは言っても、一定の時期にデータ化された内容から回答が作成されるため、大きな視点で見れば、多少の違いしかありません。

現在、AさんとBさんが同じタイミングで同じ質問を入力して検索をすれば、同じような回答が返ってくる可能性が高いのです。今後はより学習が進み、ユーザーごとのパーソナライズが進んでいくことで、大きく異なる検索結果が出てくるようになるかもしれません。

そうすると、現段階では似たような検索結果に基づいて記事を書いたり、コード生成を行ったりしているということは、人間によるクリエイティビティをよほど掛け合わせなければ、アウトプットが均質化する可能性が高くなります。乱暴な言い方をすると、コンテンツの差別化をする要因は、取り組む「スピード」、いかに早く情報をもとに行動するか、にかかってきます。

もちろん、スピード重視で行動、アウトプットした結果、現在のChatGPTの回答レベルでは誤った結果に辿り着くこともありえます。ただしいったん、思いつきのまま行動してみるといったような能力も重要になってくると考えています。正解がない未来に「とりあえずやってみる」という行動ができる人はこれからますます必要になっていきます。そして誤った結果に辿り着いた場合には素早く軌道修正していく、当初の計画から外部環境が変わったならその変化に対応していく、そのような能力がますます重要視される日も近いのではないでしょうか。

③ 最新のスキルを身につける際に気をつけること

デジタル分野においては日々新しいスキルが生まれては消えていくサイクルが繰り返されていま す。新しいスキルを身につけ自分自身をアップデートすることはとても重要なのですが、気をつけるべきことがあります。それは「**特定のツールを使えるようになることで終わってしまわないこと**」「**ツールを使えるようになることでリスキリングが完了したと思い込まないこと**」です。

特定のソフトウェアのみに紐づいた「〇〇」というツールを使えます、というスキルについては、そのツールが市場を席巻していて、長きにわたって必要なスキルなのであれば、一定期間は通用すると思いますが、革新的なテクノロジーが生まれて、そのツールそのものを使う必要がなくなるタイミングがおそらくやってきます。そのため、近視眼的に「〇〇」というツールを使えますという場所に安住するのではなく、未来を見据えて変化に対応していく柔軟性が必要となります。

ですから大切なことは、外部環境の変化とともに「**自分をアップデートし続ける**」スキルそのものを身につけ、習慣づけることです。そのために新しいツールを使えることが必要になるのであれば、その新しいツールを使ってみる、ということです。

スキルテックの最新事例

①なぜスキルテックに注目が集まっているのか

2021年頃からHR（ヒューマンリソース）テックの派生として、「SkillsTech（スキルテック）」という言葉が広まり始めています。米国のHR分野の著名コンサルタントであるジョシュ・バーシン氏はスキルテックを「仕事に必要なスキルを分類、評価、管理、改善するためのツール」と説明をしています。HRテックの中でもこのスキルテックになぜ注目が集まっているかについては、大きく分けて4つの理由があるのではないかと考えられます。

❶スキルベース雇用へのシフト

新型コロナウイルス感染症が広がった影響で急速なデジタルトランスフォーメーションが進み、新たな成長分野としてデジタル分野の事業に乗り出す企業が増え、現状と比較をして人材のスキルギャップが急激に拡大をしていることが背景にあります。特に米国ではコロナからの回復が比較的早かったため慢性的な人材不足に陥り、一時期は1000万件以上の求人募集がずっと続いていました。今までの採用方法では候補者の母集団が増えないため、そうした人材不足を埋めるために、

「スキルベース雇用（Skills-Based Hiring）」という考え方が広まったのです。４年制大学卒業といった資格要件をなくし、本当に必要なスキルを持っている候補者を採用するというフェアな手法に変化しているのです。そのため候補者となる人材のスキルを正確に評価する仕組みが必要になり、スキルテック分野のスタートアップが次々とサービスを立ち上げているのです。

❷社内配置転換のためのリスキリング推進

業務の急速なデジタル化やデジタル分野の新規事業を担う人材の必要性から、既存の社内の人材をリスキリングし、Internal mobility（社内における労働移動）を図る必要性が前述の❶と並行して高まっているのです。そのため、現在社内にいる従業員がどんなスキルを持っているのかを正確に把握し、スキルの棚卸しが必要になっていることが挙げられます。

❸人間によるアナログ手法のスキル可視化の限界

長い間人事部を悩ませてきたスキルの可視化をアナログ手法で行うのは限界が来ていることも理由にあります。スキルの可視化の手法は古くはエクセルでスキル表を作り、従業員にアンケート形式でスキル表に入力をしてもらい、長い時間をかけて回収し把握するという膨大な作業を伴うものでした。しかし現在では、急速なデジタル分野の成長により、新たなスキルが日々生まれ続けている中、従業員のスキルを正確に把握し続けることは事実上不可能になっています。

2023年4月に米国のノースイースタン大学が発表したレポート「UNDERSTANDING THE EMERGING SKILLSTECH LANDSCAPE」において、SkyHive社の創業者兼CEOであるショーン・ヒントン氏は、クラウドコンピューティング市場の例として「アーキテクチャの大規模な更新とスキル需要のシフトが平均4～5ヶ月ごとに起こっている。そして仕事の再定義が必要なペースは、年単位ではなく月単位になっている」と述べています。そのため、人間では把握が追いつかない部分についてはAIでスキルの可視化を可能とするスキルテックを活用すれば、スキル可視化にかける作業時間が大幅に減り、アップデートが簡単になるため、人事部が作業効率化のためにスキルテックを活用し始めているのです。

❹スキルマネジメントの重要性

ガートナー社が発表したレポート「HR Technology Planning Imperatives for 2023 and Beyond」において、HRリーダーが注目している最も重要かつ新しく登場しているHRテック分野として、第1位に「スキルマネジメント」が挙げられています。その背景には、急速なデジタル化や新型コロナウイルス感染症等を含む外部環境の変化により、企業がこれから目指すべき将来像と現在の従業員のスキルギャップに直面していることが挙げられます。

当然、デジタルトランスフォーメーションを遂行するためには、優秀な即戦力である外部人材の獲得も重要ですが、未曽有の人材不足や採用難に直面して、計画的に社内の人材をスキルギャップを明らかにし、リスキリングする必要があります。そのために、スキルテックを活用したスキルマネジメントが重要になってきているのです。スキルマネジメントに続き、第2位は、学習体験プラットフォーム（LXP）、第3位は社内人材マーケットプレイスとなっています。

これは、「①社内にどのようなスキルを持っている従業員がいるのかを適切に把握、管理」し、「②スキルギャップを埋めるべく学習体験プラットフォームを活用してリスキリングを推し進め」「③リスキリングした人材を社内で必要なポジションに配置転換していく」という、リスキリングを推進するうえでとても重要なストーリーに基づく順位であると言えます。

スキルマネジメントとは、企業の将来の事業戦略に合わせて、人材が現在どのようなスキルを持っていて、将来どのようなスキル開発が必要になるかを明らかにし、スキル開発を行っていくプロセスを管理するための考え方を指します。将来像と現状のスキルギャップを明らかにし、リスキリングを行うために欠かせない機能です。同時に、働く個人にもこのスキルマネジメントの考え方はとても重要です。

スキルに基づいて給与を払うスキルベース給与の時代の到来

①欧米で注目されるスキルベース給与とは？

日本ではこれからジョブ型雇用へ移行する話をしていますが、欧米では、ジョブ型雇用からスキルベース雇用に移行しつつあります。ジョブ（職務）に基づいて人材を採用し、雇用システムを維持していく仕組みから、組織に必要なスキルを明らかにして、「①不足しているスキルを補完するために外部から採用を行い」「②社内の人材をリスキリングして新たなスキルを獲得させ、雇用を維持していく」仕組みに移行しているのです。

ジョブではなく、スキルに基づいて雇用を維持する仕組みに変化させていくことで、報酬もスキルに基づいて支払われる必要が出てきています。そこで、2022年から注目され始めたのが、「Skill-Based Pay（スキルベース給与）」という仕組みです。

米国Indeed社の定義によれば、以下のようになっています。

Skill-Based Pay（スキルベース給与）

役職や資格ではなく、その人のスキルや能力に焦点を当てた報酬体系

スキルベース給与は、役職や資格ではなく、必要となる業務タスクを実行する能力であるスキルに応じて支払われます。日本の職能給の基準となる「職務の遂行能力」をスキルと捉え、欧米の職務給の考え方における「職務の難易度」をスキルの難易度やレベルと捉えると、スキルベース給与という仕組みは、職能給と職務給のハイブリッド型の給与体系であるとも言えます。

ただし、スキルベース給与は一見「人に仕事をつける→人にスキルをつける」という考え方のようにも見えますが、そうではなく、正確には、社内で必要となるスキルに「人をつける」という考え方になります。そのため、外部から特定のスキルを持っている人を採用したり、社内で必要なスキルを補完するために人材のリスキリングを行ったりするのです。日本で従来採用されてきた給与体系には、職務を遂行する上で必要となるスキルに基づいて支払われる「技能給」があり、これはスキルベース給与はこの技能給の配分が大きくなった制度であるとも考えられます。

❶スキルベース給与のメリット

スキルベース給与のメリットは、年齢や在職年数とは関係なく、スキルレベルに応じて給与が支払われるため、働く個人がスキルレベルを上げる努力を行うインセンティブが働くことです。そのため、給与を上げるためにリスキリングに取り組む、といったことが見込まれます。その結果、チームや組織の生産性の向上やパフォーマンスの向上につながる可能性が高くなります。

また、どれだけ頑張っても年功序列で給与が決まる組織では、優秀な若い世代が辞めてしまうという問題が継続的にありましたが、スキルベース給与が採用されている組織では、従来であれば早期に退職してしまっていたような若い優秀な社員が高いスキルと実績を評価してもらえることで、社内のキャリアパスにおける昇進や昇格を検討する傾向が高まり、定着する可能性も高くなります。

❷スキルベース給与のデメリット

一方で、スキルベース給与にはデメリットもあります。一番大きいのは、高いスキルレベルを持っている人材が増えることで給与水準が上がり、組織における人件費の総額が増えることです。

欧米の多くの企業では、ジョブ型雇用に基づいてポジションごとに給与が設定されている職務給が採用されているため、予め人件費を一定にコントロールすることが可能です。

しかし高いスキルを持つ人材を外部から採用するとなると、社内におけるスキルベース給与の水準も上がっていくことが考えられます。例えば、米国のＭＬＢ（メジャーリーグベースボール）の年俸で考えてみたいと思います。エンゼルスのマイク・トラウト選手は複数年契約を単年で割ると、２０２３年現在の年棒は約３７００万ドル（約51億円／２０２３年7月現在）です。エンゼルスの主砲という役割に基づいて給与が決まる職務給であれば、チーム全体の年俸がコントロールできるはずですが、ＭＬＢの年俸は高騰し続けています。それは結果を伴う高いスキルを持っている人気選手を獲得、維持しようという競争が働くため、フリーエージェント制度（ＦＡ）によってチームに残留するのか、他のチームに移るのかを選手が選択できるようになっているからです。スキルベース給与が浸透していくと、高いスキルを持っている人材はフリーエージェント宣言が実質可能であるため、企業の人件費が高騰する可能性もあります。同じくエンゼルスの大谷翔平選手は、2023年単年契約3000万ドル（約42億円／2023年7月現在）で契約しました。おそらくエンゼルスの主力バッターかつ先発ピッチャーの年俸はいくら、とは決まっていなかったはずなので、投手として15勝、打者としてホームラン34本という偉業を成し遂げた大谷選手は、二刀流（Two-way）選手のスキルベース給与の相場を今後つくっていくのかもしれません。

もう一つのデメリットは、高いスキルを持つ人とそうでない人の格差が広がることです。資本主義システムにおいては、正当な競争下で努力することによってスキルを身につけた人が評価を得ることはフェアであると考えられる一方で、出発地点でそのチャンスを得られない環境にある人たちもいます。そういった人への配慮、低スキルに留まる人たちへの処遇改善、セーフティーネットの議論も併せて必要になります。

スキルベースの採用や雇用維持、給与体系、そして組織づくりは現在発展途上の段階にあるため、これからもっと具体的な事例やノウハウが共有されるようになってくることで、さらなる進化を遂げるのではないかと考えています。

2 年代別スキル習得に向けた注意点

次に、働く個人がどのようなスキル習得をしていくべきかについて年代別にお伝えしたいと思います。総論としては、個人差はありますが**年代とスキル習得の可否は関係なく、何歳からでもスキルは習得できる**と考えます。急激なＡＩの進化の過渡期を経験している中、5年後、10年後には全く異なるアプローチが必要になるかもしれません。

Skills as a New Currency（スキルは新しい貨幣）

という言葉を、皆さん見聞きしたことがありますでしょうか。新型コロナウイルス感染症が広がり、雇用が不安定になる中で、スキルは雇用維持のための重要な通貨となる、流通する価値があるといった意味です。つまり、これからの時代、必要とされるスキルを持っていることは、どの年代の方にとっても通貨と同じくらい価値があると言っても過言ではありません。

ここでは各論として現段階で、年代ごとに挑戦しておくべきこと、身につけておくべきスキルの理想的な順序についてご紹介します。

20代：リスキリングを習慣に、自分の可能性を模索する時代

多くの方が社会人生活を始める20代は、とにかく何でも貪欲にやってみて、自分の可能性を模索する時代です。リスキリングの「リ」のない、「スキリング（スキル習得）」の時間と捉え、常に新しいスキルを習得することを習慣にできると良いでしょう。

以下の3つをスキル習得の柱にしていただきたいと思います。

①ビジネススキルの基礎

給料をもらいながら、所属組織で上司や先輩から仕事を教えてもらえる時代です。とにかく一般的なビジネススキルを広範に身につけると良いと思います。最初の段階では配属ガチャの運命に左右される部分も大きいのですが、まずは配属先で身につけられるスキルを最大限吸収していきましょう。

特にMBAのコア科目で学ぶようなマーケティング、ファイナンス、アカウンティングなどを、

実務を通じて習得できると後々のキャリアの選択肢が増えます。こうした一般的なビジネススキルが土台にないと、今後ハードスキルを身につけていく際に昇給・昇格が制限される職務にしか就けない可能性が高くなります。

僕は配属が営業だったのですが、20代半ばでの転勤によって経験したマーケティングのスキルが現在まで非常に役立っています。40代でデジタルマーケティングの実務をやらなくてはいけなくなった際に、マーケティングの基礎があったためにすぐにキャッチアップできました。

②ソフトスキルのアップデートを意識的に

コミュニケーション能力の基礎は学生生活の中で培われてきていることもありますが、より高度な交渉力、失敗した際の謝罪対応、エンパシー（共感力）等、幅広くソフトスキルのレベルを上げていくと、周囲の方からさまざまなチャンスをもらえるようになっていくと思います。上手に商品を説明できる、クライアントと距離を縮めることができるといったことだけがコミュニケーションではなく、場面場面に応じた経験が必要です。

特に20代のうちは経験の少なさから、コミュニケーションスキルも偏っているように思います。プライドが高すぎて自分のミスを認められずに謝るべきタイミングで謝れず、上司からチャンスをもらえなくなっていった人たちも見てきました。

僕は20代のうちに自分より一回りも二回りも年上の経営者の方々と一緒に仕事をさせていただけたおかげで、ソフトスキルのレベルが上がったと感じます。特に難しい交渉や契約の成立に至るパターンを、実務経験を通じて自分なりに確立することができたおかげで、グローバルな交渉を行うようになった40代でこの時の経験が役立ったと感じます。

③得意業務、不得意業務の把握から自分の適性を意識する

①でお伝えした最初の配属先でどのようなスキルを習得できるのか、選択肢が絞られます。最初の配属先が営業なのか、また経理、法務といった管理部門なのかによって、大きくスキル習得のチャンスが変わります。その中で、自分の得意業務、不得意業務を把握し、自分の適性を見極めていきましょう。早い段階から自分の可能性を制限する必要はありませんが、自分に向いていることの方向性は見極めないと自分の相対的な評価にも関わり、チャンスを失っていく可能性もあるからです。
もし可能であれば20代のうちに、自分が路頭に迷わないための「稼げる」スキルを一つ持てると良いと思います。これを見つけられると、のちのち予測不能な事態、例えば勤務先の倒産等があっても、食いつなぐことができます。

①～③の3つに加えて、もっとチャレンジングな環境に飛び込みたい20代の方々には以下を意識していただきたいと思います。

❶デジタル世代でも、「使える」から「作れる」へ

先輩方から、「20代はデジタルネイティブ」といった表現を聞くかもしれませんが、誤解をしてはいけません。デジタルツールを使えることと、仕事でデジタルサービスを作れることは全く次元が違います。デジタルツールを使えることで、周囲からデジタルに強いといった評価をされても、それを勘違いしてはいけません。

できるだけ20代のうちにデジタルツールを「使える」から、サービスを「作れる」ようになるための実務経験を積めると良いと思います。50代ではデジタルツールを使えない人も多いので、それ自体が価値になりますが、20代でデジタルツールが使えることは差別化要因にならないからです。

❷海外の20代との経験差、タイムラグを意識する

これはとても厳しい現実ですが、デジタル競争力ランキングの高い国々で働いている20代と、日本の20代では、仕事で経験できる内容とスピードが全く異なります。ランキングの高い国々では厳しい競争環境の中で20代のうちからスキルアップを貪欲に行っていかないと生き残れないような環

境で働いているのです。

日本の政治家と経営者が最新テクノロジーに疎く、成長分野を理解するためのリスキリングを自ら行わないのであれば、おそらく日本社会は今後も旧態依然とした体質で、海外と比較して競争力が低下し続ける時代が続きます。そうした低成長で成長スピードの遅い国に住んで働いているというリスクを理解することが大切です。グローバルなキャリアを志している20代の方々は、30代になってライフステージが変わる前に、海外留学、海外への転勤等に備えて、グローバルスキルの習得をぜひ視野に入れていただきたいです。

❸スタートアップ時代になぜ雇われるのか、に意味を見出す

日本もやっとＡＩスタートアップが続々と生まれるような環境になりつつあります。個人として、YouTubeで誰もが発信できる時代に、なぜ雇われる生活をするのかをしっかり意識する必要があります。給与をもらいながらスキルを身につける時間として、最大限活かしましょう。

30代：会社ブランドに依存せず個人としてFA宣言できる実力を

20代で何か一つ市場価値の高いスキルを身につけることができたなら、さらに自分をアップデー

トしていくために以下の3つにチャレンジしてみると良いかと思います。

①マネジメントスキルを一定レベルで習得する

スタートアップでは20代でマネージャーに昇格することも多くありますが、一般的な企業で多くの方がマネージャー職になるのは、30代からだと思います。その中で「一定レベル」のマネジメントスキルを身につけることはとても大切なことです。マネージャーになるとプロジェクトマネジメント、チームマネジメント、予算管理とマネジメントスキルも広範にわたって求められます。

ただ、大切なのは、自分はマネジメントに向いているのか、マネージャー職が好きなのか、を自分に問いただしてみることです。何となく、向いていないと思いつつ給料が高くなるからマネジメント職に就いた、しかし全く楽しくない、プレーヤー時代の方が楽しかった、そんな方々も多く見てきました。

30代のうちは未経験からマネジメント経験をさせてもらえる機会があると思うので、貪欲にチャレンジしていただきたいですが、マネジメントスキルを習得していく際に自分の心の声に耳を傾けてみてください。この判断が40代、50代のキャリアに大きく影響します。

②勝負スキルの専門性のレベルを上げる

20代で培ってきた得意なスキルの専門性を上げ、市場で評価してもらえるレベルにもっていけると、将来的にさまざまなオプションを持てるようになります。例えば、その得意なスキルを活かして、転職をすることも可能ですし、また別の分野のリスキリングを行う際にも、その得意なスキルを活かして収入を確保することができるからです。

新卒で大企業に就職した方の場合、そのまま30代に突入すると、一つ判断が必要となってくるのは、自分のスキルが大企業というブランド・信用に支えられたものなのか、それとも会社を辞めても通じるスキルなのか、ということですが、これは配属部署や経験によって大きく異なります。

これからはスキルベース雇用の時代に移行していきます。社内でも、社外への転職でも、スキルが評価される時代になるので、自分の勝負スキルのアップデートを心がけてください。

③新しいハードスキルの習得に向けたリスキリング、調査、仕込みを始める

これは僕の反省からくるものです。僕は40歳からデジタル分野のリスキリングを開始しましたが、正直なところ遅すぎたと感じています。もし30代でデジタル分野のスキルを身につけていたら、全

く違った40代を過ごすことができていたと感じます。

僕は30歳で起業したので、すべてを早回しでやらざるを得ない環境に追い込まれ、広範なマネジメントスキルやソフトスキルを身につけることができましたが、決定的に欠けていたのがハードスキルの習得でした。

職務を遂行するだけで精一杯で、デジタルスキル習得の必要性は30代に感じていながらも、見過ごしてしまっていたのです。

これからの時代は、グリーン分野や宇宙分野のスキル習得を意識していくと、自分の10年先のキャリアの選択肢を増やすことができるのではないかと思います。そのため、自分の強みとなる勝負スキルに加え、もう一つ別の分野の適性を見極められるよう、リスキリングを開始するための調査、仕込みが重要になってきます。

・30代は一国のリーダーになる人が出る世代だということを意識する

日本では30代はまだまだ中間管理職的な立ち位置ですが、海外では30代はもう国のリーダーとなる人が出始める年齢です。例えば、フィンランドでは、２０１９年、34歳の女性首相が誕生しました。

上場企業でも20代～40代の創業社長が活躍していますが、２０２２年の帝国データバンクのデータで、上場企業の社長の平均年齢は60・4歳、60代以上が5割超です。

高齢化が加速する日本では、劇的な変化がない限り、おそらくこれからも「順番待ち」が永遠に続きます。誤った判断によって、何か大事故が起きたりするなどで劇的な世代交代が起きない限り、日本はおそらくこのままです。それが日本の文化だからです。

現在50代、60代の方々もかつて20代、30代だった時が当然あったわけですが、総じて年齢とともに、新しいことへの関心を失い、変化を避けるようになります。今20代、30代の方のほとんどもそうなる可能性が高い訳です。

現在20代、30代で、高齢の人たちによる政治や会社経営に不満を持っている方々もいらっしゃると思います。ところが、世代交代の順番待ちをしているうちに、自分も新しい挑戦を避け、変化を嫌う、今の日本の文化に吸収されていきます。そうならないようにするための抑止力となるのは、30代のうちの成功体験だと思います。以下、それについてご紹介します。

・30代は「自分のためだけに時間を使える」ラストチャンス

結婚、出産、子育てなど、ライフスタイルが大きく変化する人が多いのが30代です。仕事以外の大切なことが24時間の中で占めるウェイトが20代の時より上がってくるので、ほとんどの方たちにとって海外移住のような大胆に行動範囲を広げられるチャンスは、30代まではないかと思います。

もちろん何歳になっても家族と共に大胆なライフシフトを試みる方も中にはいます。

特に30代からは親が病気になって介護が必要になるといったこともあり得ます。子育てもありますし、自分のためだけに時間を使えるラストチャンスが30代です。そのためには、自分の行動範囲を広げることによる成功体験を持っておくと、その記憶が40代、50代になった時に役立ちます。自分から環境を変える成功体験があるかないかは、とても大きいのです。

40代：マネジメント職として生きるか、本格的なリスキリングを開始するか

①自分のマネジメントスキルの合否判定を行う

30代で多くの方が基礎的なマネジメント経験を持つことになります。前述しましたがその中で、マネジメントに向いているのか、マネジメント職が好きなのかを自分に問いただしてみていただきたいです。その結果として、40代でさらに高度なマネジメントスキルを身につけて、役員を含む経営者を目指すのか、それとも、マネジメントとは距離を置いて、自分がプレーヤーとして価値を生み出すことにフォーカスするのかを選択することを提言したいです。

今までの日本の働き方では、マネジメント職を選ぶか選ばないかといった選択肢が少なく、家庭

を守るため、給与が上がっていく可能性があるマネジメント職を希望するという一択だけだったのではないかと思います。しかし1人ひとりが多様なキャリア、働き方をしていくことが許容されるこれからの時代、マネジメント職に就く方には適性がはっきりと求められるようになってきます。

これからの時代は、「サーバントリーダー」と呼ばれる、チームの縁の下の力持ちのようなリーダーが必要となってきます。リーダーの役割はチーム1人ひとりの多様な能力やパフォーマンスをいかに最大限引き出せるかを担うコーチのような役割に集約されていくと言われています。その場合、成果が上がっていないチームメンバーと真摯に向き合い、忍耐強くサポートする、パフォーマンスが向上するまで寄り添っていく、こういったことが嫌ではない、こういったことに向いているということが資質として求められます。

私も自分の先輩たち、同世代、後輩たちをたくさん見てきましたが、我慢しながら嫌々マネジメント職を担い、ストレスを抱え、そのストレスをチームにぶつけ、マネジメントとして失格の烙印(らくいん)を押された方々がたくさんいました。

僕は、マネジメント職への自分の適性の合否判定を40代で行うことが大切だと考えています。やりたくない、適性のないマネジメント職をストレスを抱えながら、すり減りながらやっていったときの未来が見えるからです。一定レベルで自分に合格を出せる方は、今後のさらなる昇進、役員を含む経営者を目指すべく、高度なマネジメントスキルを身につけていく。一方、残念ながら自分で不合格と思う方は、ここで大胆にキャリアを軌道修正していく必要が出てきます。

なぜ、40代のうちにこのマネジメント職としての合否判定を自分で行っていただきたいかというと、50代からは多くの方はネガティブな雇用環境が強制される可能性が高くなってくるからです。役職定年、早期退職、退職勧奨等があるのがこの年代です。これらは必ずしもネガティブでない場合もありますが、多くの方にとって明るい将来の選択肢になりにくいのが実情です。ですから、現在の組織に所属している段階で、50代からのキャリアを真剣に描いていただきたいのです。そのために、このマネジメントスキルの合否判定は必須なのです。

・自身の評価が合格の場合

自分の得意領域で昇格できるとは限りませんので、マネジメントスキルの中でも自分の苦手項目は潰しておくべきです。例えば、ファイナンスやアカウンティングに弱いのは大きなマイナス要素になりますので、会社を通じてビジネススクールに通わせてもらうのも良いですし、自習できる方は自分で弱点を補強しておくと良いと思います。

特に大企業では、将来の役員候補を選抜していく目的で、売上を担う事業部門と、コーポレート機能を担う管理部門を万遍なくローテーションしながら、適性を見極められることも多いので、著しく弱い分野があることが社内における昇格を止める材料となります。

また専門性が高いことが理由で昇格してきた方の中で、人を扱うことが苦手な方にとっては、チームマネジメントのスキルが勝負どころとなります。適性を見誤ると、不幸な結果を招きます。

・自身の評価が不合格の場合

自分で不合格だと思った場合に、試していただきたい選択肢、それは**「①企業サイズを変える」「②業界を変える」「③副業・兼業を試みる」**というものです。

まず「①企業サイズを変える」方法は、子会社に出向する、転職する等があります。大企業での管理職、マネジメントと、中小企業やスタートアップにおけるマネジメントでは求められる能力が違うからです。例えば、大企業では規定のルールに則った働き方の中でのマネジメント、中小企業ではオーナー社長との相性が大きい中で未開発人材のマネジメント、スタートアップではやりたいことがはっきりしている人材のマネジメントと、それぞれ性質が異なり、それぞれマネジメントの適性が異なるように思います。

次に「②業界を変える」です。マネジメントの基本スキルはもちろん同じですが、衰退産業におけるマネジメントと、成長産業におけるマネジメントでは、求められるスキルが異なります。言うなれば、守りのマネジメントと攻めのマネジメントの違いです。正確な予実管理が求められる場合と、ある程度どんぶり勘定で成長に向けて突っ走って良い場合ではやるべきことが大きく異なります。

そして「③副業・兼業を試みる」ですが、これを実施していただきたい理由は、自分の所属組織と外の世界を客観的に比較してみることで、自分のマネジメントスキルが向上したり、考え方や価値観が変わったりする可能性があるからです。

右記3つを試してみても、自分はマネジメントに適性がない、やりたくないと考える方で、我慢して働き続ける現状に甘んじずに50代、60代に新たな生き方を模索したいという方には、大きな軌道修正をおすすめしたいです。自分で不合格をつけるのは辛く厳しい選択になるかもしれませんが、それは楽しい50代、60代を過ごすための大切な軌道修正だと考えていただきたいです。

マネジメント分野のキャリアを追求しないという決断をするということは、自分のスキルで生きていく必要性が高くなることを理解する必要があります。つまり、前述の20代、30代で築き上げてきた勝負スキルをもとに生きていくということです。それが通用しない場合には当然、リスキリングが必要になります。リスキリングによって今後10年間、20年間の残りのキャリアで求められる自分の勝負スキルを例えばデジタル分野、グリーン分野で持つことができれば、マネジメント分野に不合格を出した自分の決断が報われる可能性も広がります。

マネジメント職での昇格、出世を期待して頑張ってきたのに、50代になって自分が役員候補ではないことを知って落ち込む方を見るようになりました。当然のことですが、会社の経営者である社長やCEOは組織に1人、出世競争が激化していく中に最終的には1人以外は敗者となるギャンブルに挑戦をする訳なのです。「自分はマネジメントに向いていない」と思ったなら40代のうちに自分のキャリアを大胆に軌道修正する決断、勇気も必要です。それが50代から楽しい人生を送れるか、そうでないかを大きく左右します。

僕の場合は40代半ばまでマネジメントスキルを高める努力をしました。大企業、中小企業、スタートアップそれぞれで試みましたが、40代後半で自分はマネジメントに向いていないと最終結論を出しました。そこで退路を断ち、リスキリングを重ねながら個人事業主として再出発し、現在も波乱万丈の人生を歩んでいますが、楽しい50代を過ごせるようになりました。

以下の②と③はマネジメントキャリアと距離を置き、新たな可能性を模索したい方々向けになります。

② 勝負スキルに加え、もう一つの柱となるスキルをリスキリングで確立する

40代になると社会人生活を20年近く、もしくはそれ以上過ごしていることになりますから、一つの勝負スキルだけで一本足で立つことはいろいろな観点からリスクがあるように思います。そのスキルをよほど高いレベルで維持し続けていて、それが現在、そして未来でも必要とされ続ける場合

を除き、一般的には陳腐化してきていたり、今後は不要もしくは、大きく変質していったりする可能性があるのではないでしょうか。

その場合、リスキリングに真剣に取り組んでいき、自分の中核となるもう一つの勝負スキルを確立することを強くおすすめしたいです。例えば2つの職種にまたがる2つの勝負スキルを持つことができれば、2つの職種をつなぐ独自視点を持つことができたり、2つの分野で必要とされることになるからです。

できれば2つの勝負スキルの関係性が遠ければ遠いほど、希少価値が高くなります。このメリットとして、複数のスキルセットからの複眼思考、視点や考え方を身につけている人が少ないことが挙げられます。一本足より、三脚のような三本足で立つ方が安定するのと一緒で、複数の分野のスキルをまたいで持つことが強みになります。

ただ一方で、その価値のニーズも同時に希少になる可能性もあり、活躍できる場探しに一時的に苦労する可能性もあります。前述①のマネジメントスキルを高める選択肢を取らない方にとっては特に、この②は極めて重要です。リスキリングによって得られる価値がご自身の50代の評価を左右することになるからです。

③副業・兼業制度を利用して、自分の新たなスキル、可能性を模索する

前述の②でリスキリングして身につけるべきスキルが分からない場合は、ぜひ、副業・兼業制度を利用して、早いタイミングで自分の新たな可能性を積極的に模索していただきたいです。

副業・兼業の場合は、「お試し」期間として比較的短期で挑戦もしやすく、トライアンドエラーが雇う側、雇われる側双方に後腐れなく許容されやすい環境となっています。そのため、身につけたいものと違うな、と思ったらすぐ修正して、別の副業先、兼業先を探すことで、自分の適性ややりたいことを貪欲に探しに行くことが可能です。

当然、受け入れ先に貢献することが大前提ですので、ある種の「バーター」も意識する必要があるかもしれません。例えば、現在自分が人事のプロフェッショナルである場合、副業を受け入れるスタートアップでは人事の仕事で貢献をしてほしいから受け入れるといったように、即戦力を期待されることが前提にあります。その場合は、自分が貢献できる人事分野の仕事をする代わりに、自分が身につけたいスキルを習得する機会をバーターでもらうということができるかもしれません。

また、成長事業で業務を拡大していて、とにかく優秀なポテンシャルを持っている人であれば副業としてでも受け入れたい、というニーズもあります。その場合は、即戦力としてすぐに貢献できなくても、受け入れ先が困っている別の業務に貢献できるなら、その場合もバーターとしての関係

が構築できるかもしれません。

④ 40代のリスキリングで頭に入れておくべきこと

40代の方々向けにはここまでの①②③をおすすめすることに加え、以下のポイントも考慮していただきたいと思います。

・「所属組織の評価＝自分の能力」ではない

40代になると、同僚との比較においても、所属組織における自分の立ち位置、評価が相対的にはっきりしてきます。ただそれはあくまでも**その所属組織における評価であって、ご自身の実際の能力とは関係がありません。**不幸なことに、この「所属組織の評価＝自分の能力」という思い込みに陥ってしまう方が多く、所属組織の評価をもとに自分自身を評価してしまうのです。

これは高い評価をする場合も低い評価をする場合も、不幸な結果を招く事態となります。

例えば、自分の能力は高くないのに所属組織での評価が高いと、実際に早期退職後や定年後に厳しい現実と向き合うことになります。一方で、所属組織での評価が低いことから自分の能力が低いと決めつけてしまうと、別の場所で活躍するチャンスを自ら逃してしまうことになります。

そのため、自分が現在持っているスキルを所属組織で高く評価してもらえないのであれば、まず社内での配置転換を希望する、それでもダメなら転職をして自分の価値を理解してくれる会社を探す、といったことを始めた方が良いです。低評価に甘んじて50代に突入してしまうと、再起することが本当に難しくなります。

・上司に評価されるスキルと距離を置く勇気を持つ

組織に所属していると直属の上司の評価に人生を左右されると言っても過言ではありません。これはスキル習得の観点では、とても危険だと思うのです。社長にならない限り、永遠に直属の上司の評価に自分の人生、今後の未来を左右されるからです。

ある企業へリスキリングの説明をしていた際のことです。リスキリングの方向性として、ＡＩ分野の事業開発のスキルの話をしたところ、ある従業員の方から、驚くべき回答が返ってきたのです。「自分はＡＩ事業に関心があるものの、現在の直属の上司がデジタル化に反対をしている人なので、自分からＡＩ分野の新規事業のスキルを身につけたいとは口が裂けても言えない」と言うのです。

僕からすると、その業界はＡＩによる激しいディスラプションが起きることが分かっていたので、「絶対に今ＡＩ事業分野のスキルを身につけた方が良いですよ」とおすすめしたのですが、その方は頑なに無理とおっしゃっていました。これは２０１9年の話なのですが、その会社は２０２３年現在の時点でまだ積極的にＡＩ事業を拡充する施策を発表していません。競合の会社は続々とＡＩを活用した事業を発表しており、このケースから上司の評価を優先すると自分のスキル習得に悪影響が出るのだということを学びました。

上司に評価されるスキルを追い続けた場合はどうでしょうか。前述①でマネジメント職を追求する覚悟をした方、自分でマネジメントスキルに合格を出せる方は、上司に評価されるスキルを追いかけ続けた方が良いかもしれません。しかし、マネジメントではなくプレーヤーとして生きていく覚悟をした方は、上司に評価されるスキルではなく、自分が習得したいスキルを40代で貪欲に習得していくことをおすすめします。

・50代を視野に入れ、「個人事業主」として生きる人生を考えてみる

40代では所属組織における自分の評価がある程度客観的に見えるようになってきているので、それをそのまま受け入れるのではなく、会社の看板なしで生きられるだけの力を身につけておくこともぜひ視野に入れていただきたいと思います。

50代からは管理職の昇進についてもポストが極端に減りますし、場合によっては早期退職といった予期せぬ展開があるかもしれません。そういった境遇に陥った時に、心の準備ができているかどうかはとても大切です。そのため、40代のうちに、50代から自分の力で前向きに生きていくための

「個人事業主」という選択肢もぜひ検討していただきたいと思います。

個人事業主として生きていく選択肢を会社が提供している事例をご紹介します。

電通の子会社ニューホライズンコレクティブ合同会社（ＮＨ）は電通の40歳以上の社員で早期退職して個人事業主として生きていく方をサポートする、人生１００年時代のキャリア自律を支援する仕組み「ライフシフトプラットフォーム」を運営しています。

仕組みとしては、電通の早期退職者の方々がＮＨと業務委託契約を結び、個人事業主として再出発します。そしてＮＨはCo-Skillingと呼ばれる手法でメンバー同士で学び合い、リスキリングを進める環境づくりと、仕事の発注、メンバー同士での案件受注等の機会をサポートします。私もＮＨの記者発表に同席させていただき、実際に活躍されているＮＨメンバーの方々とお話をさせていただきましたが、皆さんリスキリングをしながら新たなチャンスを活かして大活躍されています。

現在では、電通以外の会社、日本たばこ産業株式会社（ＪＴ）に加え、ＮＥＣグループ、日本航空株式会社、パナソニック オペレーショナルエクセレンス株式会社、大手商社の計5社に在職中の方々に加え、30歳代～60歳代の金融、不動産、メーカー、コンサルティングなどの企業出身者の方で既に個人で活躍されている方々も参加しています。

ベテラン中高年の方々のとても前向きな将来の選択肢を提示していて、この仕組みが日本で広がると良いなと感じています。

50代：アンラーニングとデジタルリテラシー向上

現在の日本では50代になると自分の意思とは関係なく、組織における雇用環境が強制的に変えられる可能性が避けられなくなってきます。退職勧奨、役職定年、早期退職、スキルの陳腐化による職務変更等、ポジティブな自らの意思決定ではない選択を余儀なくされることも増えてきます。

そして、セカンドキャリアを考えると、正社員からパートタイム、フリーランスへの移行なども選択肢に入れる必要が出てきます。その上で新たな可能性を切り開いていくために必要なスキル習得について紹介したいと思います。

①自分の経験と陳腐化したスキルの見直し

人生の後半戦に突入するにあたり、30年近い職業経験を見直して陳腐化したスキルを特定し、自身の強みとしてさらに強化していくスキルに磨きをかけていきましょう。

自分の何が強みなのか、労働市場において今後不要とされるスキルは何かを把握することが難しい場合は、キャリアコンサルタントに分析をしてもらったり、転職する気はなくても、転職活動をやってみて、現在の自分の何が評価される部分なのかを客観的に把握したりすることも良いかもしれません。

②人生の折り返し地点だからこそ、アンラーニング

50代の多くの方々は一部の専門職の方を除き、1人1台パソコンがなく、多くの業務を紙で行っていた時代に入社し、仕事を進めてきました。そのため、パソコンを利用した業務に慣れるまでに時間がかかった方、放棄してしまった方等さまざまだと思いますが、大きく仕事の進め方を変えなくてはいけなかった世代、またそれに適応してきた世代と言えると思います。

そのため、多くの50代の方々にとって、デジタルリテラシーの向上はある種の鬼門であると言えますが、「もう一度仕事の進め方や価値観を変える」ための大きなチャンスです。それは何故かというと、「50代なのにデジタル分野の業務経験がある」ということは労働市場において希少性が高いからです。

人生100年時代、仮に健康が維持できて80歳まで仕事をするとしたら、50歳は社会人生活のほぼ中間地点、折り返し地点です。

残りの30年の選択肢を増やし、楽しい仕事人生を送れるよう、ぜひここで「もう一度仕事の進め方や価値観を変える」ために「アンラーニング」のスキルを身につけておきましょう（アンラーニングの具体的なスキルについては、180ページをご覧ください）。

③マネジメント能力を起点にリスキリングで新たな可能性を切り開く

50代になれば豊富な経験とさまざまな分野の知識がありますから、リスキリングを断行して新たな知識や技術を学びながら、既存の経験や知識も活かすことで、他のビジネスパーソンとの明確な差別化を図ることが可能です。

またマネジメント能力を活かし、自身のリスキリングの経験をもとに、他のスタッフの育成に関与できるようになると、自身の価値をさらに高めることができます。結果的に、チーム全体のパフォーマンスを向上させることも可能になるかもしれません。

一方で現行の雇用制度を前提に考えると、50代は現役世代として認知される最後の世代です（これからは60代も現役世代にカウントされることになるかもしれませんが）。低成長で、大きな成長産業を生み出すようなイノベーションも創出できていない現在の日本の環境のままでは、50代に対する大規模な雇用創出は期待できず、アンラーニングできずに周囲からは使いづらい年代としてむしろ需要が急激に低下する可能性もあります。

転職の広告で「今50代の転職がアツい」といったようなものを見ますが、キャリアアップと給与アップにつながる転職ができる方は、本当にごく一部のマネジメント能力+専門性の高い方のみです。そのためほとんどの方は、転職活動をすると、キャリアダウン、年収ダウンとなります。また求人難の分野に本人の希望とは関係なく、多くの人たちが生計を立てていくために吸収されていくことが今後予想されます。

ふりかかってくる環境変化をはねのけ、リスキリングによって新たな武器を手に入れ、自分で後半の人生を切り開き、選択肢を増やしていってください。

④50代だからこそデジタルリテラシーの向上

前述のように、50代にしてデジタル分野の事業を理解していることは、残りの仕事人生の中で大きな武器になります。絶対的な人数が少なく、希少価値が高いからです。

今までＡＩというと、とてもとっつきにくく、ハードルが高いものでしたが、生成ＡＩの登場によって、普段私たちが使っている日本語、自然言語でＡＩを使うことができるようになりました。デジタルリテラシーを向上させる入り口として、とても入りやすいので、業務で活用できるレベルに始まり、新たな事業を作り出すレベルまで、ぜひチャレンジしていただきたいと思います。

・マネジメントが苦手な方のChatGPTの活用方法　～複数の生成ＡＩを使いこなす～

前述の40代向けの注意点で、自身のマネジメント能力に対する合否判定をしてほしいという話をしました。特に人に関わるピープルマネジメントが苦手な方には、ChatGPTを中心とした生成ＡＩを使った仕事の仕方、ＡＩと一緒に働く方法をぜひ身につけていただきたいと思います。

現在のレベルのChatGPTは、しっかりとした指示を出せば、期待に沿った結果を出してくれる新人のビジネスパーソンのようなものです。曖昧な指示や誤った指示を出すと、全く役に立たない回答が返ってくることも多いですが。これからは誰もが優秀な生成ＡＩという部下を持って働いていける時代になります。

多くのスタッフを抱えてマネジメントを行う際に重要なタスク管理についても、生成ＡＩを複数使うことで、これからはより生産性が上がる仕事の進め方ができるようになります。

僕は在宅で仕事をしている場合にはモニターを2つ用意して、一つにはChatGPTを表示させて、指示を出します。ＧＰＴ－４のWebChatGPT機能は、検索結果が出るまで少し時間がかかるので、別のモニターでメールの返信をしたり、別の業務を行ったりします。外出中や出張中は、ラップトップＰＣのスクリーンを2分割して、片側にChatGPT、もう一方の側に別のWebページを開いて業務を進めます。

これは任せた依頼の回答を待っているようなものです。期待しているものと異なるアウトプットが出てきた時は、再度プロンプト（指示文）に修正の指示を出して完成に近づけます。

僕は現在、GoogleのBardと、LinkedInの創業者リード・ホフマン氏が立ち上げたＰｉ（パイ）をあわせた3種類の生成ＡＩを利用しています。クリエイターの方々は画像生成系や音楽生成系のＡＩも選択肢に入るかと思いますが、ご自身の業務の生産性を飛躍的に向上させる生成ＡＩを活用するスキルはぜひ身につけていただきたいと思います。

60代以降：小さなリスキリング

２０２５年4月から、65歳まで継続雇用を希望する従業員に対して、希望者全員を雇用する義務が企業に課されます。つまり、定年退職の年齢が60歳から65歳に引き上げられます。そして２０２１年4月に施行された改正高年齢者雇用安定法により、70歳までの就業機会の確保が企業の努力義務となりました。定年70歳が視野に入る時代となったのです。

２０２２年、リクルートワークス研究所研究員の坂本貴志氏が『ほんとうの定年後』（講談社現代新書）という書籍を出版され、オンラインメディアにおいて対談をさせていただきました。その中で、「小さなリスキリング」という言葉が生まれました。人手不足の中、定年後に就ける仕事そのものはたくさんあるということは坂本氏が明らかにされています。詳細はぜひ書籍を読んでいただきたいのですが、60代以降の方たちには「小さなリスキリング」が必要になるのではないか、という話になったのです。

現在全国各地で、高齢者の方々が警備員をやっている姿を拝見します。どこも人手不足の状態が慢性的に続いているのだそうです。一方で、人手不足解消を大きな目的として、警備ロボットの導入も進み始めています。例えば、山手線の高輪ゲートウェイ駅では、ＡＬＳＯＫでお馴染みの綜合警備保障株式会社の警備ロボットREBORG-Zが試験導入されています。

警備ロボットが駅構内を巡回し、異常音の検知や顔認証機能によって特定者リストと照合して不審者を検知します。ロボットが検知をすると、通報が管理センターに届き、人間の警備員が対処できるようになっているのです。この場合、例えば高齢者の警備員の方が現在のままの警備員の働き方ではなく、警備ロボットの操作を含めたデジタルツールを使いこなせるようになる「小さなリスキリング」が求められるのでは、と考えます。

僕の前著はいわゆる現役世代向けのリスキリング、言うなれば、キャリアを大きく左右する「大きなリスキリング」を前提とした内容となっていました。しかし少子高齢化時代、２０５０年には65歳以上の人口は３８４１万人（37・7％）と推測されており（国立社会保障・人口問題研究所「日本の将来推計人口（平成29年推計）」）、約4割が高齢者という人口比率になることを想定すると、高齢になってからの自分の仕事をより効率的に実施するための「小さなリスキリング」ができるかどうかはとても重要になってくるのではないか、と考えています。

アンラーニングを可能にする4つのスキル

電車の駅やレストランで見知らぬ人にキレている人がいますが、その場合の多くが「相手にしてもらえない」「尊重してもらえない」ことから来る逆ギレなのだそうです。

会社でも、役職定年した方が年下の上司の前でキレているシーンに遭遇したことが以前ありました。これも、大切に扱ってもらえていない故だと感じました。以前は役職があったために皆が従ってくれていたのに、役職定年してポジションを失ったら急に周囲の態度が変わり、自分が必要とされていない恐怖心を抱くからではないでしょうか。

中高年が残りの仕事人生を楽しく過ごすため、周囲に迷惑をかけないためにも、アンラーニングが必要になってきます。

ここでは僕が思うアンラーニングを可能にする4つのスキルについてご紹介したいと思います。

① 年下からチャンスをもらうスキル

年下の人からチャンスをもらうことの重要性を以前に研修でお話しした際、グループワークの際にある受講生が「自分は年下から頼られています」という話をされている方がいました。僕はその方に、「年下からチャンスをもらうことと、頼られることは違いますよ」とお伝えしました。

年下から頼られるというのはもちろん素晴らしいことなのですが、自分が年上で相手が困っている時にアドバイスを求められる、トラブル解決を頼まれる、ことが前提となります。年下からチャンスをもらうスキルというのとはそれとは全く別のものです。

「チャンスを摑む」という表現があります。特に若い時には、努力して自分でチャンスを摑むという意識があるのではないかと思います。ところがこれを分解して考えてみると、多くの場合は、自分より立場が上の方、例えば上司や先輩がチャンスを与えている訳です。例えば、「Aくんは日頃からデジタル分野の勉強を頑張っているから、新設するデジタル事業部への配属を推薦しよう」というものです。

一方、年下の人が、「B先輩は日頃からデジタル分野の勉強を頑張っているから、新設するデジタル事業部への配属を推薦しよう」ということは起こるでしょうか。現在の日本企業ではあまり一般的ではないかもしれませんが、高齢化の中でこうした事態は普通に起きるかもしれません。もちろん、外国企業や日本の外資系企業のように、年功序列色が薄い組織では、年下上司、年上部下の関係が普通にありますので、そういった場合は除きます。

なぜ年下からチャンスをもらうスキルが大切になるかというと、年齢ごとの人数はほぼ変わらないのに、時間が経過して年齢が上昇するにつれて、管理職でない40代、50代が増えてくるからです。キャリアの最後まで指示・命令ができるのは組織のトップ、例えば社長に到達した人だけですから、どこかのタイミングで、年下の上司からの指示で仕事をする人たちがマジョリティになるのです。

それを見越して考えるなら、早いうちから年下の人からチャンスをもらえるスキルを身につけておいた方が得です。

❶「実務で迷惑をかけない」スキル

自分より若い世代から仕事上で嫌がられる要因として大きなものの一つは、努力して実務を覚えることを放棄し、迷惑をかけることとです。ここで求められているのは、実務で貢献するというレベルではなく、まず実務で迷惑をかけない、ということです。

以前働いていた会社に、著名な大企業の部長という立場から転職してきたベテラン社員の方がいました。ところが、管理職でもないのに、態度は以前の大企業の部長さながらでした。社員全員でとあるソフトウェアを使って業務効率を改善し生産性を高める取り組みを始めた際、その方は、「そういう入力業務は自分の仕事ではない」というあからさまに横柄な態度を取り、意図的に入力をサボっていたのです。結果的に、アシスタント業務の長かった社員が気を利かせて代わりに入力をしてあげていましたが、その方は次第に社内に居場所がなくなり、短期間で退職してしまいました。

もしこの方が、「使い方が分からないので教えてください」という姿勢で一生懸命練習をしていたら、周囲の見方や評価が変わっていたはずです。もし「実務で迷惑かけない」ことを心がけていたら、違ったシナリオになっていたのかもしれないと思います。

❷「人間として嫌われない」スキル

年下の人たちからチャンスをもらうためには、「好かれる」よりまず人間として「嫌われない」ことです。例えば、自分が今まで一緒に働いた部下の方たちの顔を思い浮かべてください。自分のことを好きではなかったり、恨んだりしている人はいないでしょうか。

次に視点を変えて、「この人とは二度と一緒に働きたくない」という先輩方の顔を思い浮かべてください。昔、人前で立たされてこっぴどく叱責されたり、ミスを押しつけたり、ずっと不正を隠し続けていた人だったり。もし自分が社長になって、その先輩方が「雇ってください」と頼んできた時に、積極的に「雇おう！」と思える人は何人いるでしょうか？　その先輩方の中で仕事ができる方、高いスキルを持っている方々がいても、おそらくほとんどの場合、雇うことは躊躇（ちゅうちょ）するのではないでしょうか。

ここでお伝えしたいのは、「年下という立場からは、昔された嫌なことを鮮明に覚えている」ということです。年上と年下の関係において、年上の人は何を言ったか、何をしたかということを無責任にも忘れがちです。しかし後輩たちや年下の人たちは、言われたことやされたことを明確に覚えています。そのため、立場が逆転した際に、嫌いな先輩に対して、年下の人たちはチャンスを与えないのです。感情抜きにスキルだけで再チャンスをくれる後輩なら別ですが、レアケースです。感情的なねじれがある場合は難しいのです。

いつか立場が逆転した時に、年下の方からチャンスをもらえるようになるためには、最低限「人間として嫌われていない」ことがとても大切です。良好な人間関係を保てていれば、昔とてもお世話になったから雇ってあげよう、といったオファーにつながるのです。

これは知人から聞いた話です。とても優秀でネットワークも広く、誰もが知っている企業の役員をしていた方が、ご自身でコンサルティング業務を主とする個人事務所を定年後に設立されました。顧問業で食べていけるだろうと考えたのだそうです。ところがその方はほとんど顧問先の契約が取れず、結果的に人材会社の斡旋で大幅な年収ダウンで転職する決断をされました。仕事ができる方だったそうなのですが、結果を追い求めるばかりに、厳しい口調で指示を出して言うことを聞かせてきたので、特に年下の後輩たちからはあまり好かれていませんでした。そのため、当初の目論見であった自分の知り合いの会社からの顧問契約で生きていくはずが、年下の後輩たちからは顧問依頼をもらえなかったのだそうです。

定年後には会社の名前や当時の役職は多くの方にとってはほとんど役に立たないのかもしれません。その方が人生で培ってきた人格、信頼、人望がやはりものを言うのだとすると、「年下からチャンスをもらう」には最低限「嫌われていない」人間関係を維持しておく努力が必要なのだと学びました。

② 年功序列社会の日本で、あえて「年齢を超越する」スキル

世界の中でもアジアは年功序列意識が強い国が多く、日本と韓国は特に強いのではないかと思います。例えば仕事関係でも、年齢の上下関係を確認してから会話をする人、年齢が下だと分かった瞬間に急に態度が上から目線になる人などが、いまだにいます。

日本の大企業の40代以上で特に男性の方々の中には、自分の話し方や態度、立ち振る舞いが、相手にどのように思われているか、ほとんど理解できていない方も多いと感じます（ご自分では丁寧にフラットに話されているつもりでも、実際には相手側は「見下されている」と感じ取っていると

いったケースです）。

秩序を保つ上で、この年功序列は良い部分もあると思いますが、日本の国際社会における競争力を取り戻していく上で、「ウェイティングリスト」でチャンスを待ち続けている優秀な若い世代を解放するためにも、アンラーニングして、年齢というフレームワークを見直し、「年齢を超越する」スキルを中高年が持つ重要性を日々感じます。

僕が尊敬していて好きなタレント、高田純次さんの有名な言葉で、**「年を取ってやっちゃいけない3つの話『説教、昔話、自慢話』」**があります。本当にその通りだと思います。この3つがつい口から出てしまう理由として、僕は以下のように考えます。

説教が出る理由：上下関係が前提で、下の人には言っても大丈夫だと思っているから。特別に許された関係でない限り、上司や先輩に説教する機会は稀なはず。

昔話が出る理由：未来を見ていないから。未来に向けて頑張っていれば、昔話など出てくる余地はないはず。過去のある地点で成長が止まっている証拠。

自慢話が出る理由：努力が過去で止まっているから。未完成な状態で目標に向かって努力をしていれば、自慢話などしている余裕はないはず。成長が止まっているが故。

この3つはすべて、「相手は年下だから聞いてくれる」という思い込みや錯覚があるから起きる現象です。自分の上司や先輩に、説教、昔話、自慢話を延々とできる人は少ないはずです。世代に関係なく好かれる人、特に年下との人間関係が良好な人は、この年齢を超越するスキルを上手に活用しているのではないかと思います。

そして、高田純次さんの話には続きがあって、「この3つをなくしちゃってるから、だから僕はエロい話しかできないんだよね」というものです。

これはとても深い示唆があるなと感じます。実は「誰が言うか」ということが受け手にとってとても大事なのは周知の事実です。セクハラとして訴えられるのか、笑い話として流されるのか、話す人によって異なります。

それと同じで、僕は説教、昔話、自慢話は、次の条件が揃った場合にのみ、しても良い場合もあると思っています。その条件とは、「**タイミング**」「**話し方**」「**適切な相手**」です。

この中で一番大切なのは、「タイミング」です。例えば、大きな失敗をしてしまって解決策が欲しかったり、深く反省していて立ち直るためのアドバイスが欲しいタイミングなど、適切なタイミングかどうか、ということです。相手が受け入れられるタイミングであることが大切です。

次に「話し方」です。話し方次第では、説教はアドバイスに、昔話は学ぶべきデータに、自慢話は、有効な成功事例として聞いてもらえる可能性があります。相手のことを本当に考えて伝える、それが相手に伝わっている時は、ポジティブに取ってもらえる可能性が高いです。

最後に、話す相手が、自分の話をする適切な対象なのかどうか、ということです。これは判断がとても難しいです。この人が言うなら聞いてみよう、という信頼関係ができているのか。自分と似た経験をしているこの人の話なら聞きたいなと、話を聞く相手として共感してくれているのか。分かりやすい失敗は、全く尊敬していない相手から、上から目線で説教、昔話、自慢話をされても、聞く耳を持つ訳がない、というケースです。聞いてくれる相手に話すのではなく、自分が役に立てる相手に話すことが重要です。

また、タイミング、話し方、適切な相手と状況が揃っていたとしても、話を簡潔に、笑いを交えて楽しく、一方的に話さず会話のキャッチボールを成立させる等、工夫が必要です。

なぜ上記のようなことを大切に感じるかというと、僕自身、20代、30代だった頃は特に、お説教、昔話、自慢話を延々と聞かなくてはいけない場面によく遭遇したからです。

一方で、悩んだ時に自分が相談したいと感じる先輩方の共通点として感じるのは、

一方的に話さない
断定的に話さない
年齢を超越した人間関係を楽しんでいる
不用意に馴れ馴れしく距離を縮めようとせず、適切な距離を保つ
未来に向かって努力していて忙しい
この人に言われたらしょうがない、という愛嬌がある
（場合によっては）敬語の姿勢を崩さない

といったことです。これについては言語化が難しいところですが、年齢を超越するスキルを持っている方々は、上手にアンラーニングができているのではないかと思います。

③貢献・共生スキル：指示命令ではなくフラットな関係構築を

アンラーニングをしたいと考える場合、統率が必要な状態でない限り、指示する、命令することを良しとする行動、発言はなるべく慎んだ方が良いと感じます。なぜかというと指示、命令というのは、相手が自分より弱い立場であると判断しているからであり、上下関係を印象づけてしまうか

らです。前述のようにアンラーニングして新たな機会を得たいのであれば、指示命令の代わりに、相手への貢献や共生を可能にするスキルを身につけましょう。

相手への貢献をするスキルというのは、立場を置き換えるととてもよく分かります。自分の上司の役に立ちたいと思った時には、事前に有益な情報をリサーチして報告したり、迷惑をかけないように予めスムーズに段取りを計画したりを考えます。年齢が上とか下とか、上司だ部下だとか関係なく、相手に貢献するスキルを発揮するのです。

次に、共生スキルです。これは年齢や上下関係を超えて、お互いにバランスの取れた人間関係を築くためのものです。

共生となっていない、一方的な関係の例を挙げてみたいと思います。仕事柄、僕は先輩からアドバイスが欲しいとか、話を聞かせてほしいと連絡が来ることが多くあります。その場合にはっきりと出るのですが、アドバイスがほしいと言っているにもかかわらず、自分の予定を先に伝えてくるのです。そこに、「お前が後輩なんだから俺の予定に合わせろよ」という無言のメッセージのようなものを感じるのです。こういう場合には、相手に貢献したいという気持ちが弱くなっていきます。

一方で、僕が大変尊敬している恩師から学んだことをご紹介したいと思います。僕が大学生だった頃、当時は先輩後輩の上下関係がとても厳格だった頃です。恩師となる大先輩に悩みを相談したときに、飲みに連れていっていただき、とても驚いたことがあったのです。それは、僕が相談する時間をいただいているのに、さようなら、と別れた後にすぐ携帯電話に電話をしてくださって、「今日は来てくれてありがとう。宗くんの今日のこういう話がすごく勉強になったよ」と僕の話が役に立ったという視点で話をしてくださったのです。そんな姿勢の先輩には会ったことがなく（いまだにその方だけですが）、衝撃的でした。

当時は、「先輩＝頼られる、後輩＝頼る」といった図式が明確だったが故に、先輩と後輩が相互に役立つ、共生するといった関係は考えられなかったのです。当時の先輩と後輩という人間関係は一方的で歪（いびつ）になりがちでしたが、先輩が困っている時に自分が助ける、貢献することで、より絆が深まるということもその恩師から学んだものです。

それ以来、僕自身も自分より年が下の方々に普通に頼ったり、アドバイスを求めることが多くなりました。年齢の違いはあるものの、なるべくフラットな共生関係を維持できるようにしています。今となっては、特に年下の方との人間関係には細かく気を遣うようになりました。

大切なことは、「年下がやるべき」といった発想を捨てることです。店の予約は後輩が取るべき、ではなく、余裕がある方が行動する、誘った方が予約する、で良いのだと思います。

欧米諸国では年齢差別の禁止が一定レベルで進んだのに対し、日本では定年制度もまだまだあり、年功序列の文化も重なって、「年齢」はまだまだ働く上で考慮しなくてはいけない要素になっています。

年功序列社会の日本という国や先輩は変えられませんが、後輩に対する自分の姿勢は変えられます。

④仕事の上下関係を超越するスキル

年齢だけではない上下関係も存在します。例えば仕事の中で発注側の経験が長い方のように、上の立場にいる時間が長い場合ほど、根強い「上」側の価値観、行動、発言が身についています。こういった習慣は、本当によほどのことがない限りアンラーニングは難しいです。定年退職後に、従来の立場を失い、思い通りにならなくなり、後悔することが増えるのではないでしょうか。

また、ある種の権力を持つ業界で働く人は、根強い上下関係を無意識に持っているのではないかと感じます。一つ、この方々の共通点として気付いたことがあります。それは、必ず携帯電話の番号を聞かれるということです。新型コロナ感染症の影響でリモートワークに対しての理解も広まり、相手の時間や仕事への集中度合いなどに配慮をするために、チャット等を活用した非同期コミュニケーションを優先するのが一般的になってきている中、上記の方々にとっては電話を使って仕事をすることには理由があると思うのです。その背景にあるのは、「自分が電話をしたら、相手は出るはず」という「上」の立場の意識が潜在的にあるからなのではないか、と思います。自分が用件を済ませたいタイミングで電話をし、相手に回答を求めるということです。

これも、アンラーニングしづらい根深い悪習慣だと感じます。「上」の立場にい続けられる方々の場合はそれでも良いのだと思います。しかし余計なお節介ですが、その立場を失った際に、「下」の立場にいた方々が好意的に関係を維持してくれるかどうかを考えれば、築いた人間関係やネットワークを最大限に活かしていくためには、相手の時間に配慮した仕事方法に切り替える、アンラーニングも必要なのではないかと思います。

さらに、根強い上下関係の意識を習慣づける背景として考えられるものには、

・家族関係の中で長男長女の位置にいること
・部活動などで、上下関係が厳しい環境で育ったこと
・親が社長で、常に従業員との上下関係を見て育ったこと

なども挙げられます。特に上下関係が厳しい環境で育った方々は、明確な上下関係があることを「良いもの」と捉えている場合も多く、アンラーニングを妨げる要因になっている可能性もあります。もちろん、それは個人差であり、本人の意識次第だということは言うまでもありません。

すでに述べたように、欧米ではジョブ型雇用からスキルベース雇用へと移行をし始めています。人種、年齢、性別とは関係なく、スキルで労働者を評価し報酬を支払う、よりフェアな雇用慣行になっていくのではと期待をしています。

ぜひ読者の皆さんでリスキリングに取り組まれる方は、こうしたスキルによって評価される雇用慣行が海外で始まってることを視野に入れていただきたいと思います。まだまだ日本の年齢差別の禁止に向けた動きは過渡期ですが、リスキリングによって身につけた新しいスキルが皆さんの将来の選択肢を増やす、そんな時代ももうすぐなのではないかと思います。

マインドセット、学習、スキルとお伝えしてきましたが、最後の職業（キャリア）では、外部環境の急速な変化を踏まえて、新しい業務や職業に就くための準備について話したいと思います。

第4章

職業（キャリア）

リスキリングに取り組む方がご自身のキャリアを考える上で重視することは、将来の選択肢が増えていく、また給与の上昇が見込まれることなどではないでしょうか。そのためには、縮小していく産業ではなく、成長産業の職業に就くことがその可能性を高めます。そして現在の労働市場と今後の大きな変化を考慮した上で、自らの仕事を維持していく努力が必要になってきます。

1 予測される日本の労働市場の今後の大きな変化

成長産業への労働移動、雇用の流動化の加速

岸田内閣が推進する新しい資本主義において「三位一体の労働市場改革」や「GX・DXへの投資」に取り組むことが発表され、グリーン分野、デジタル分野等の成長産業への労働移動を促進するための雇用流動化政策がいよいよ始まります。

働く個人にとっては、リスキリングに取り組まずに今後縮小していく衰退産業で働き続けることは、仕事の維持の観点から厳しい状況に追い込まれることにつながっていきます。そのため、自ら

にとって望ましい労働環境を維持するためにも、リスキリングに取り組むことがますます重要になってきているのです。

「備えあれば憂いなし」意図せず職を失う事態に対する心構えと準備

日本においては、新型コロナウイルス感染症による影響を最小限に抑えるべく、雇用調整助成金を活用して、雇用を維持する努力が行われてきました。ところが売上高が減少している中小企業向けに実質無利子・無担保で融資を行うゼロゼロ融資の返済の据置期間が順次終了し、返済のピークを迎えています。

こうした中で、またこれから成長産業への労働移動が進んでいく中で、競争の激化に伴って倒産、事業縮小を余儀なくされる企業も出てくるのではないかと思います。また雇用の流動化の実現に伴い、強制的な労働移動に関する議論も再燃しています。

① 解雇規制緩和の可能性を視野に入れる

これは全く望ましい話ではないのですが、解雇規制の緩和についての議論が再燃しています。

２０１８年６月から厚生労働省が17回にわたって開催してきた「解雇無効時の金銭救済制度に係る法技術的論点に関する検討会」が２０２２年４月に終了し、報告書が取りまとめられました。

不当解雇されたと主張する人が解雇無効を請求して裁判となった時に、金銭を支払うことで決着をつけることができるとする制度の問題点を問うものです。現時点では本制度の導入の是非については今後検討すべきという結論で止まっていますが、もしこういった制度が始まった場合には、「一定の金額を払えば解雇できる」という新たな雇用慣行を生み出すことにもなりかねません。

また、今後、ジョブ型雇用の本格導入とともに、米国のような解雇も選択肢とした雇用制度を国が取り入れていくことは、現在のフレキシキュリティ（デンマーク等で導入されている、解雇規制を緩和する一方で手厚い失業保障を行い、労働移動の円滑な実現を目的とした施策）の議論を見ていると否定できないと考えています。そのため、働く私たちはこうした雇用慣行の変化を注視していくとともに、いつ何があってもおかしくないことを前提に、普段からリスキリングに取り組み、自分のスキルをアップデートしておくことが重要です。

②日本は海外と比べて、「解雇されにくい国」ではない

２０１９年にＯＥＣＤは、正規労働者の個別解雇規制の厳しさを測る指標である、ＯＥＣＤ雇用

保護指標を発表しました。指標のスコアの低い順、つまり解雇されやすい順から、以下のようになっています。

1位：アメリカ（1・3）
2位：スイス（1・6）
3位：カナダ（1・6）

一方で、解雇されにくい国は、以下のようになっています。

1位：チェコ（3・0）
2位：イスラエル（2・9）
3位：ポルトガル（2・9）

前述したフレキシキュリティを導入しているデンマークが8位で1・8、解雇されにくいイメージのあるドイツは16位（2・2）、肝心の日本はというと、解雇されやすい国の13位で、スコアは2・1となっています。

米国だけが突出して高いとも考えられますが、世界での相対比較においては、日本は他国と比べて、現時点においても、解雇されにくい国ではないということが言えます。

③ 解雇に対する心の準備

僕自身、事業撤退による会社都合の整理解雇も含めて、人生で3度の解雇（契約解除）を経験しているため、日本でも解雇規制緩和に関する議論が、政治家や官僚、大学の研究者たちによってさかんに行われるようになってきていることを大変憂慮しています。

僕の場合は、米国企業で勤務をしていたため、ある意味覚悟をして仕事を始めたところがあります。しかし、いざ契約解除をされると、解雇された人間にしか分からない心況に陥ります。

解雇された瞬間から始まるさまざまな発言などに傷つきトラウマになります。精神的に回復して社会復帰するまでの辛い時間を考えると、日本において気軽に進めて良い話では決してありません。残念ですが、解雇規制を緩和しようという賛成派の方々は、日本の経済成長を第一に考える一方で、競争に勝ち続けてきて挫折経験がなく、「自分は優秀で解雇されないから大丈夫」と思っている方々なのではないかと思います。

僕自身、幸運なことになんとか辛い時期を乗り越えて復活することができましたが、米国では、多くの方が立ち直れず、精神的に病んで精神科に通い、抗うつ剤を飲み続ける生活を余儀なくされる、そんな人々の姿も見てきました。

徐々にアメリカ社会のさまざまな習慣が入ってきている日本においても、これから解雇が一般的になる時代になるかもしれないことを視野に入れて、心の準備をしておくことが必要かもしれません。

④リスキリングはキャリアを守る最大の防御策〜キャリアを自己責任で考える準備を〜

こうした労働市場の厳しい変化が訪れることを見越して、自分の雇用を自分で守るという意識を持つことは、決して大袈裟ではなくなってきています。

2022年の後半から、米国のテック企業では大規模なレイオフが行われました。私の友人たちも何人もその中に含まれていました。レイオフ直後にLinkedIn（リンクトイン）で「仕事を探しています」という投稿をしたり、友人たちが「私の優秀な友人がレイオフされて仕事を探しています！」と投稿したりしていて、僕もできる限りの協力をしました。

こうした中で、成長産業であるテック企業で働いていたことが不幸中の幸いだったとも言える報道を目にしました。2022年12月のウォール・ストリート・ジャーナルによると、テック企業の大規模レイオフの後、37％の人が1ヶ月以内に、79％の人が3ヶ月以内に、95％の人が6ヶ月以内に新しい職を見つけられたとのことです。

また2023年1月のZipRecruiterのレポートによると、最近採用された米国人の3人に1人以上（36・0％）が、現在の仕事に就くために新しいスキルを学んだり、オンラインコースを受講したり、新しい資格を取得したりしたと回答し、就職活動のためにリスキリングを行った候補者のうち、5人に3人（60・6％）が、新しいスキルを学ばなければ現在の仕事に就けなかったと回答しています。

成長産業の職業に就くために自身のリスキリングに取り組むことは、万が一の事態に備えて、自身のキャリアと仕事を守るための最大の防御策として不可欠になっていくのではと考えています。

2 労働の自動化と働き方の変化

生成ＡＩ（ChatGPT）の登場による働き方の変化

２０２２年11月末、米国のOpenAI社からChatGPTがリリースされ、世界中を大きく揺るがすこととなりました。利用した方はご理解いただけると思いますが、指示の仕方さえきちんとできれば、本当に優秀なアシスタントになるツールです。ある種優秀すぎて、従来人間が担ってきた業務内容に大きく変化をもたらし始めています。以下、生成ＡＩ、特にChatGPTがもたらす働き方の変化について考えてみたいと思います。

① 正解を出すのは人間ではなくＡＩが担う時代に

ホワイトカラーの中で、一般的に給与の高い仕事というのは「人間なのに機械のように正確で、ミスをせず、一貫性があり、ムラがない」アウトプットをすることが求められる業務であるように思います。

ところが、ChatGPTは正しく設定して質問をすれば、それに対してあらゆる角度から正解を返してくるので、正解を出すまでのプロセスをばっさりと短縮することができます。そのため、これからは専門家という概念も変わっていくのではないかと考えています。正しい知識を持つことのハードルはChatGPTによって下がりますが、ＡＩの進歩が早すぎて全体像を把握しきれないような現象が起き始めています。そのため私たちの仕事が今後、全体像を把握した上でより高度な編集者、全体を指揮するプロデューサーのような立ち位置に変化していくかもしれません。

新しい発想や問題提起ができる人はこれまで以上に求められることになりますが、正解を出すまでのプロセスを担当する「作業型」の業務を行っていた方たちは、大きく影響を受けることになります。計算力、情報処理能力では人間はＡＩに絶対に勝てないからです。

②ビジネスパーソンの優秀さの定義は「正解思考」から「予測思考」へ

リスキリングの観点からどういう人材がこれから必要とされるかを考えた際に僕がお伝えしたいことは、生成ＡＩによって、優秀だとされるビジネスパーソンの定義ががらっと変わるということです。場合によっては、組織の人事評価において優秀だとされる人の定義もがらっと変わるのではないかと思います。

従来、日本企業においては上司に言われたことをそつなくミスなく正確にこなせる人材の評価が高かったのではないかと思います。つまり正解を出せる人でした。表面的には「イノベーションを生み出す人材が重要だ！」と言っていますが、本音と建前があって、実際のところは減点主義でミスをしない人たちが評価され出世していた組織も多いのではないかと思います。これは日本企業のとても根深い文化を形成していて、生成ＡＩが業務に取り入れられていく中で、組織文化や人事評価の大きな変化が生じることになると考えています。

これからＡＩがさらに進化をしていき、ミスなく正解を出してくれるようになります。人より正解を多く持っていることを主とした仕事をしていた人たち、例えば「過去のデータではこうなっています」ということを紹介するだけで終わってしまっていた人たちには、今後辛い時代が来るのかもしれません。あるべき未来に向けて、ＡＩが導き出した正解をどう使うべきかを提案できる人がこれからは必要になってきます。もしかすると、今まで人事評価の低かった方々が逆にこれからの時代に必要な人ということで評価をされることも起きてくるかもしれません。

頭脳労働者の終わりか、といった議論もありますが、従来と異なる頭脳労働者が必要になってくるのだと僕は理解しています。

・正解思考から予測思考へ

これからは「予測思考」型のビジネスパーソンが評価されると考えています。外部環境の変化が激しい中で、複数のシナリオを作り、変化に合わせて臨機応変に対応し、企業を成長に導いていく人材です。

予測をするために必要なデータは分野ごとにＡＩが作ってくれるので、それをもとに意思決定をし、リスクを取って素早く実行していく。間違ったらすぐ軌道修正する。これは多くの日本人の従来の働き方からすると、大きな変化になると思います。

・ユースケース前例主義、横並び意識から一刻も早く脱出しよう

この最も象徴的な言葉が「日本の会社におけるユースケースはありますか？」だと思います。僕は海外のテックスタートアップの仕事をしているので、いつもこの質問をいただきますが、この根底にあるのは、「他社でしっかり成功している」正解を求め、「他社が成功しているなら大丈夫だろう」「他社がやっているならうちもやろう」という横並び意識なのだろうと考えています。競合がやっていない独自のことをやろう、という発想ではなく、「導入して失敗したら自分の評価が下がるので、他社で成功していることをやろう」という、2番手、3番手を永遠に抜け出せない、正解思考なのです。これは日本から近年イノベーションが生まれない大きな原因だと考えています。

他社の真似ではない自社独自の成長事業を生み出していくためには、従来の正解思考では通用しない時代が訪れているように思います。他社のユースケースが成功する段階まで見極めるのではなく、複数のシナリオを用意して、臨機応変に飛び込んで独自のユースケースをつくり出すような人材がこれからは必要です。

・過剰なPDCA信奉をやめる　～脱PDCA組織へ～

僕が社会人生活の中で、ずっと疑問を抱えていたキーワード、それがPDCAです。僕の個人的な感想なのですが、日本企業はPDCAのPにかける時間が長く、Planを作るために、延々と情報収集を行っている印象があります。Doにたどり着く頃には状況が変化している、机上の空論すぎるアイデアを計画してDoのフェーズで顧客から受け入れられなかったり、といったことが実際に何度もありました。

僕は新人時代から、なぜ顧客の求めていることを愚直に提供しないのだろうとずっと思っていました。Planの段階で正解を出さなくてはいけない圧力が社内から強いため、どうしてもPlanに時間がかかり、情報収集が続くのだろうと考えています。

・定点で判断をせず「変化」「進化」を前提に予測する

これからは、過去の事例に基づき、現在の自分の知識によって「定点だけ」で判断したために予測を見誤るということがどんどん増えていくでしょう。

ＡＩ分野において「創発」という言葉があります。これは、計画当初の予測や意図を超えて、従来は不可能だと考えられていたことが突然できるようになったり、突然イノベーションが生み出されたりすることを指します。ChatGPTのようなＬＬＭ（大規模言語モデル）の世界では、これからＡＩは予想外の能力を獲得していくのではないかという議論がさかんになっています。

今となっては、というところもありますが、僕は以下の判断の誤りには共通点があると考えています。

・２００７年――iPhoneなんて日本で絶対に流行らない
・２０１３年――大谷翔平選手の二刀流は無理

両方に共通しているのは、その当時の定点で考えているが故に、判断を誤っているということです。今後の変化や進化の可能性を考慮せず、過去の前例でしか判断していないからです。未来のことは誰にも分からない訳ですが、この思考様式はこれから致命的になってくると思います。

「まずやってみる、間違えたら修正すればいい」

これはにシンプルで簡単なことですが、多くの日本人には難しいのです。変化や進化を前提とした「予測思考」に切り替えることがより重要になってきます。

③人間の能力を拡張する生成AIを使って仕事をすることは不可避

・人類は常に限られた能力を拡張して進化してきた

従来、人類は自分たちの限られた能力を、テクノロジーを使って拡張してきました。英語でaugmentedと言いますが、例えば視力が弱い人が使うメガネやコンタクトレンズ、移動スピードを上げるための馬車や車、移動距離を飛躍的に伸ばした飛行機など、数多くの事例があると思います。

2023年現在、ChatGPTによって人類はいよいよ人間の脳の機能を拡張するツールと向き合うことになり、大騒ぎとなっています。

・突然ChatGPTが現れたわけではない

ここで重要な事実があります。それは、ある日突然ChatGPTが現れたわけではないということです。自然言語を用いて無料で簡単にやりとりができるツールがリリースされたという意味では、多くの方にとって２０２３年は衝撃的な年になったのですが、第3次ＡＩブームの中、２０１２年にＡＩの画像認識の技術が大きく進化し、２０１７年に自然言語処理分野でGoogleがTransformerというディープラーニングモデルを発表し現在に至っています。このTransformerの開発が、現在とても注目されているChatGPTで用いられているＧＰＴ－４という言語モデルへの進化につながっています。

僕がリスキリングを広める活動を始めた２０１８年頃を振り返ってみると、ＡＩの進化に対する一定レベルの実現予測はついていたものの、当時には分からなかったことは進化のスピードと実現時期は予想できていなかったように思います。僕自身、自然言語によるプロンプトで、画像生成や音楽生成ができるということには本当に驚きました（おそらく機械学習の専門家の方たちには早い段階で見えていたのだと思います）。

・生成ＡＩを活用した仕事を受け入れるのか、受け入れないのか

これは当然、個人の自由だと考えています。そもそもＡＩに対して違和感があり、人間同士で仕事をしたいという根強い価値観も理解できますが、ChatGPTのような生成ＡＩを業務で取り入れないことによるデメリット、不利益が企業や働く個人にふりかかってくることはもう間違いないと言って良いでしょう。

・「人間至上主義」が誤った判断に結びつく

デジタル分野、特にＡＩ分野を学ぶべくリスキリングに本格的に取り組み始めてから、僕がずっと抱えていた違和感、それは、**「創造性のある仕事は人間にしかできない」**という議論です。人間至上主義とでも言うのでしょうか、ＡＩには創造性がないとか、クリエイティビティは人間にしかない、という話が主流であったように思います。

僕の違和感は、２０１４年にＩＢＭの人工知能Watson（ワトソン）が提案をした料理のメニューが美味しいと話題になったニュースがきっかけです。人間には思いつかないような素材の組み合わせを考えるシェフ・ワトソンというプログラムの記事で、人間のシェフたちが美味しいと評価をしていたのです。

僕はそれ以来、感覚的ではありましたが、人間の理解が及ばないレベルでＡＩが活躍する時代が来るのだと確信をしました。人間にしか創造性がないのではなく、**人間の創造性をさらに拡張する役割をＡＩが担う**のだと思いました。

しかし日本ではそういったニュースに対しても、理由は分かりませんが、「人間にしかできない」議論をずっと続けてきたように思います。僕はこの人間至上主義が、組織や働く個人を誤った判断に導くのではないかと危惧しています。テクノロジーの進化を正しく理解すれば、これからどうなっていくか、ある程度の仮説や予測ができます。

これは今まで培ってきた価値観に起因する「認知の歪み」だと僕は考えています。特に、人間にしかできないというプライドなどが正しい理解を邪魔しているのではないかと思います。また優秀なビジネスパーソンであるほど、特にデジタル分野やＡＩ分野に対しては極端に非合理的な判断をするケースを多く見てきました。

これは、クリエイティビティが重要な職業に就いている方々ほど強く、自分の専門領域を侵食されるという危機感からの反作用なのかもしれません。

しかし、２０２３年、もうそういった抵抗は無意味だという認識が全世界に広がったのではないかと考えます。生成ＡＩは、ChatGPTのような言語モデル、Stable Diffusionのような画像生成モデル、Mubertのような音楽生成ＡＩなど、あらゆる分野で活用が始まっています。

これからはＡＩを、人間の能力を拡張する、一緒に働く仲間としてみなせるかどうかが、ビジネスパーソンとしての価値を高められるかどうかを左右していくのではないかと思います。

3 大規模な雇用消失、雇用削減に備えるには？

前述の「予測される日本の労働市場の今後の大きな変化」「労働の自動化と働き方の変化」を経て、大規模な雇用の消失と需給ギャップが発生する可能性があるのでは、と考えています。

以下にその傾向を示す研究予測等についてご紹介したいと思います。

生成ＡＩ（ChatGPT）がもたらす雇用消失と雇用削減

①海外研究機関の雇用消失の予測

・世界経済フォーラムが予測する、今後なくなっていく仕事とは

既にお話ししたように２０２３年５月の世界経済フォーラムが開催したGrowth Summit 2023において、２０２７年までの５年間で６９００万件の新規雇用創出に対して、８３００万件の雇用消失によって、１４００万件の雇用が純減するという予測が発表されました。これは生成ＡＩの影響が考慮されたものになっています。今まで少しずつ職務のデジタル化が進んでいた職種においては、生成ＡＩの導入によってこれから大きく作業の自動化が進み、雇用が縮小していくのではないかと考えています。

そして、The Future of Jobs Report 2023においては、具体的に、雇用消失の影響を受ける職種トップ10についてのランキングも発表されています。２０２７年までに縮小していく分野は以下のように予測されています。

第1位：銀行窓口および関連業務
第2位：郵便局事務
第3位：レジ係やチケット係
第4位：データ入力事務
第5位：一般事務、役員秘書
第6位：物品記録や商品陳列
第7位：会計、経理、給与事務
第8位：議員、公務員

第9位：統計・金融・保険事務
第10位：訪問営業、キオスク店員と関連業務

・米国のゴールドマン・サックス社の雇用予測

同社は2023年3月の経済レポートにおいて、生成ＡＩがもたらす労働市場への影響として、「米国と欧州の職業データでは、現在の仕事の約3分の2がＡＩの自動化にさらされ、生成ＡＩは現在の仕事の4分の1まで代替できる可能性がある」としています。また「全世界では、約3億人分のフルタイムの雇用を自動化する可能性がある」としています。

もちろんこうした雇用予測が実現するかどうかは分からないですが、少なくとも生成ＡＩの登場によって大きく人間の仕事の性質が変化し、自動化が進み、雇用が縮小していく未来についての議論が再燃している事実そのものに注目すべきではないかと思います。

②企業における生成ＡＩに関わる雇用削減の動き

・米国ＩＢＭ：バックオフィス従業員の30％の雇用が自動化で消失

米国では既にChatGPTの影響による雇用削減に向けた動きが始まりました。2023年5月、米

国のＩＢＭ社のＣＥＯであるアービンド・クリシュナ氏は、Bloombergのインタビューにおいて、人事などのバックオフィス部門における採用を一時停止するか、ペースを落とすと発表しています。生成ＡＩによって代替可能な業務を見極め、人間がやるべき仕事とＡＩに任せるべき業務を判断するまでの措置だということです。

また今後5年間で、顧客と接しない2万６０００人の従業員の30％にあたる７８００名がＡＩや自動化によって取って代わられることを述べています。厳しい競争の中で経営者がこうした雇用に対する見直しを行う動きが広まることによって、従来の就職活動や転職活動の方法では就職が難しくなってくる可能性もあります。

生成ＡＩの影響を受けて、日本企業の皆さまとお話ししている中で、「新卒採用の人数や目的について見直す必要を感じている」というコメントもありました。これから生成ＡＩの進化と雇用予測については注視していく必要があります。

・サイバーエージェントの広告ディレクター職がゼロに

２０２3年5月の日経クロステックの記事によると、同社において「広告クリエイティブの出来栄えを判断するディレクター職はかつて30～40人いたが、現在はゼロになっている」とのことです。生成ＡＩを活用したデジタル広告制作支援システムがディレクター職の役割を代替しているからだといいます。

ディレクター職だったスタッフは、営業職など他の職種に転向したり、同社を退社したりしたといいます。キャッチコピーを作るコピーライター職も、今までの形態では不要になる可能性が出てきているといいます。まさにこうした配置転換にリスキリングが必要となるのでないかと思います。

③今後起きうる雇用消失の前兆とは ～まずタスクが消失し、人数が不要になる～

・外注文化への影響

さまざまな業界の方々と議論して、雇用消失の危機の始まりは、「自分は大丈夫」と今までリスキリングをしてこなかった人たちのタスクが少しずつ奪われていくことではないかと考えています。

例えば、大手コンサルティング会社では、大企業から業界の現状分析などを含むレポートを受注したりしていますが、「今までコンサルさんに頼んでいたレポート、自社内でChatGPTを使って調べてみようか」といった形でクライアントの予算が削減されると同時にタスクが減っていきます。

コンサルティング会社では、新人のコンサルタントが担当する業務ですが、これらのタスクがおそらく急激に減っていきます。こうした動きは、新卒採用の人数にも影響が出てくる可能性があります。

また、「今まではプレスリリースの作成作業を外注していたけど、ChatGPTを使ってまず自社でやってみようか」といった形で、ＰＲ会社への発注も削減され、従業員のタスクが減っていくかもしれません。

従来、予算のある大企業では「自社でできるけど、時間がかかるので外注しよう」という類の業務がたくさんありましたが、自社の生産性の向上を意識して生成ＡＩの導入が進むと、特定のタスクが一気に減っていき、雇用消失につながっていくのではないかと見ています。

④ ChatGPTのプラグイン機能が大規模な雇用削減につながる

２０２３年5月、ChatGPTのプラグイン機能がベータ版でリリースされました。これは多くのサービスをより便利にする一方で、業務の生産性の飛躍的な向上が見込まれ、雇用消失、雇用削減への流れを加速させるのではないかと考えています。

例えば、ChatGPTのプロンプトに、「２０２３年7月1日から3泊4日でシンガポール出張へ行きます。1泊の予算が4万円以内でホテルを予約してください」と入力すると、Expediaのホテルの予約画面が表示されます。所要時間は約1分です。

・数十分かかる作業が一瞬で終わる

このサービスによる影響はどのように考えられるでしょうか。例えば役員の出張手配をする秘書の方への影響を考えてみます。従来であれば、予約サイトで条件設定、ホテルを比較し、少なくとも数十分はかかっていたような作業が一瞬で終わることになります。

秘書という仕事はすぐになくなることはないのですが、秘書の人数がいらなくなるのです。例えば大組織では、社長秘書、副社長秘書、専務秘書、常務秘書と、複数の秘書が必要でしたが、出張手配をはじめとした業務の総量、タスクが減るために、少ない人数で対応ができるようになることから、雇用消失につながっていくのです。ある日突然仕事が消えるのではなく、こうして徐々にタスクが消失することで、従来必要とされていた人数が不要となり、雇用が消失し、仕事がなくなっていくのです。

予想される厳しい労働環境の変化　～技術的失業と人材不足～

①技術の「進化」に人間の「進化」が追いつかない時代の技術的失業

イノベーションによる雇用創出のスピードや人間がリスキリングできるスピードを、テクノロジーの進化による生産性の向上と雇用消失のスピードが上回ってしまう事態が今後来るのではないかと危惧しています。

技術的失業とは、「テクノロジーの導入によりオートメーション化が加速し、人間の雇用が失われる社会的課題」を指します。オックスフォード大学のマイケル・オズボーン教授らが２０１３年に発表した論文"The Future of Employment"において「今後10年から20年の間に米国の総雇用者の約47%の仕事が自動化され消失するリスクが高い」という衝撃的な発表を行い、メディアでも大変注目されました。

日本ではデジタル化が遅々として進まなかったため、この技術的失業に対する議論も大きくは広がらなかったように思います。２０２３年はこの発表からちょうど10年、ChatGPTのような生成ＡＩサービスが一般の個人でも利用できる環境となり、この技術的失業に関する議論が世界中で再燃しています。日本でもついに、生成ＡＩによるホワイトカラーの雇用消失に関しての議論が始まろうとしています。

マイケル・オズボーン教授も複数回来日して、10年前の予測を振り返り、この生成ＡＩによる雇用への影響とリスキリングの重要性について述べられています。

前述の通り、世界経済フォーラムは２０２３年5月、雇用消失が８３００万件、雇用創出が６９００万件、雇用の純減が１４００万件という衝撃的な予測を発表しています。この予測が意味するものを読み解くと、デジタル技術の進化のスピードに対して、人間の進化（生物学的な意味ではなく）が追いついていない状況に陥っているのではないかと考えます。

将来必要となるスキルを身につけるためにリスキリングを行う訳ですが、スキルギャップの大きい労働者がどんどん増えていく事態に、これからどのように備えていくかがとても重要です。

現在を過渡期だと捉えると、後述する提言のように、官民連携の仕組みづくりによってリスキリングを支援していくことが最重要となります。あわせてベーシックインカムやＡＩ・ロボット税等による対応も必要になってくるのではないかと考えています。

②ＡＩの民主化とリスキリング

２０００年代からの第３次ＡＩブームを経て、ここ数年の間に急激にＡＩの民主化が始まっています。ＡＩの民主化とは、誰もがＡＩを利用できるようになることを指します。

第３次ＡＩブームが始まった２０００年代から、急激なスピードで手書きの文字認識、音声認識、画像認識、言語理解などのレベルが向上しています。直近ではついに、人間に対するテスト結果よりもＡＩシステムの方が高いという結果も生まれています。世の中はどんどん便利になり効率的になる一方、人々のリスキリングは追いついていないのが実態です。

安価で誰でも触れるものになったにもかかわらず、実際には現在の立ち位置からエクスポネンシャル（指数関数的）に格差が開いていくという不都合な真実と向き合う事態がまさに始まろうとしているのかもしれません。

③ 少子高齢化における日本の雇用予測

・2030年、事務職は120万人過剰になる

2021年4月に株式会社三菱総合研究所（以下MRI）が発行したレポート「データで読み解くポストコロナの人財戦略」において、2020年代半ばから、労働需給バランスは余剰に向かう可能性があることが指摘されています。

次ページの図をご覧いただくとお分かりいただけると思いますが、2030年時点で、生産職人材90万人過剰、事務職人材120万人過剰、専門技術職人材170万人不足、という大きな需給ギャップ、ミスマッチが発生するという予測となっています。

特に生産職については、「遅れて顕在化するAI・IoE・ロボットによる自動化」、事務職については、「2020年代後半から顕在化する『特化型AIによる自動化』」、専門技術職については、「技術革新をリードしビジネスに適用する人材が不足」と述べられており、まさにデジタル化によって余剰人員となる生産職、事務職の方々がリスキリングによって、専門技術職への移行、労働移動

2030年、事務職は120万人過剰になる

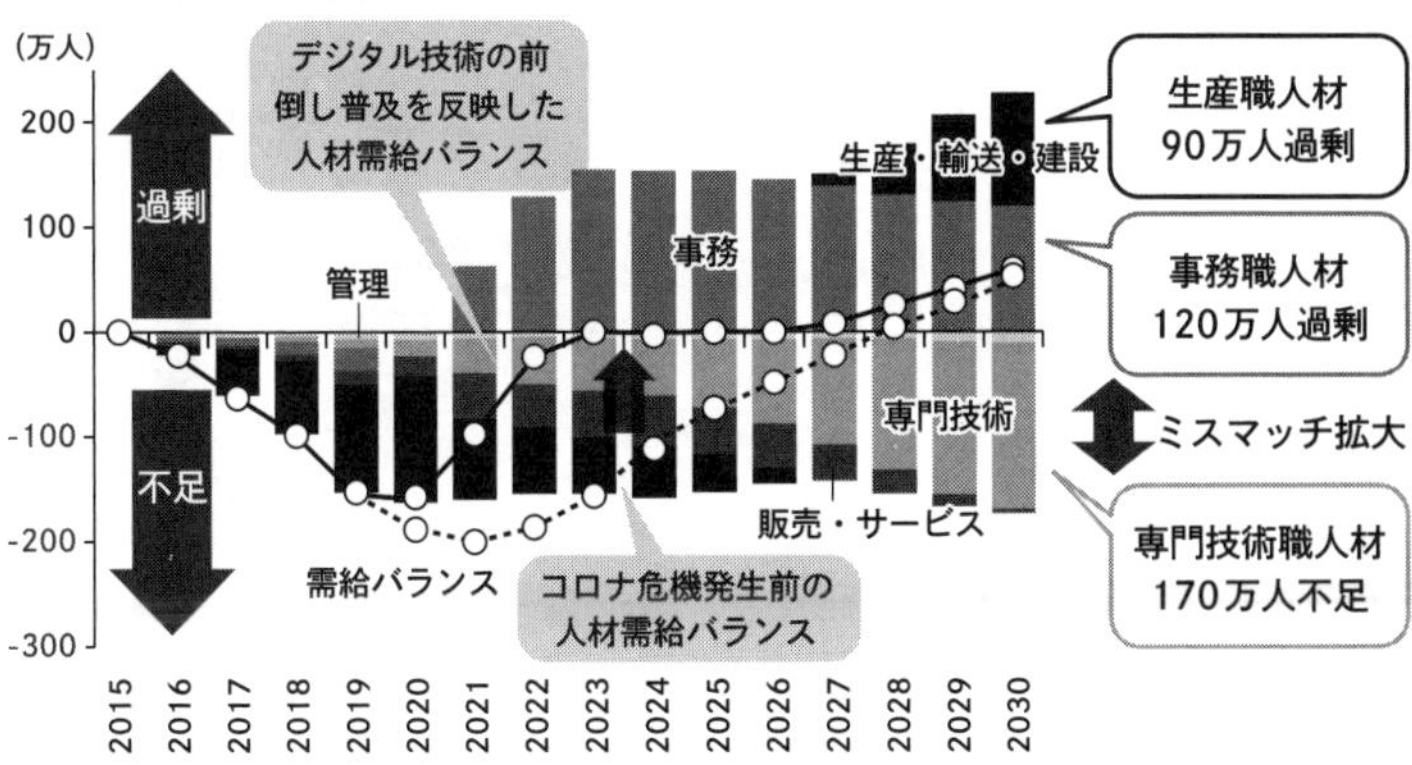

注：破線はコロナ危機前に三菱総研が想定していた 2030 年にかけてのデジタル技術普及シナリオに基づく労働需給バランス。実線は、同シナリオのうち、コロナ危機を受けて一部が前倒し実現されるインパクトを反映したもの。

出典：三菱総合研究所「データで読み解くポストコロナへの人材戦略」

が実現できると望ましいという状況になっています。

・2040年、労働者が1100万人以上不足する

2023年3月、リクルートワークス研究所が「未来予測2040 労働供給制約社会がやってくる」というレポートを発行しました。その中で、日本経済がほぼ成長しないと仮定した場合の労働需給のシミュレーションによって、2030年には341万人以上、2040年には1100万人以上の労働供給不足が発生するとしています。

2040年、労働者が1100万人不足になる

労働需給シミュレーション

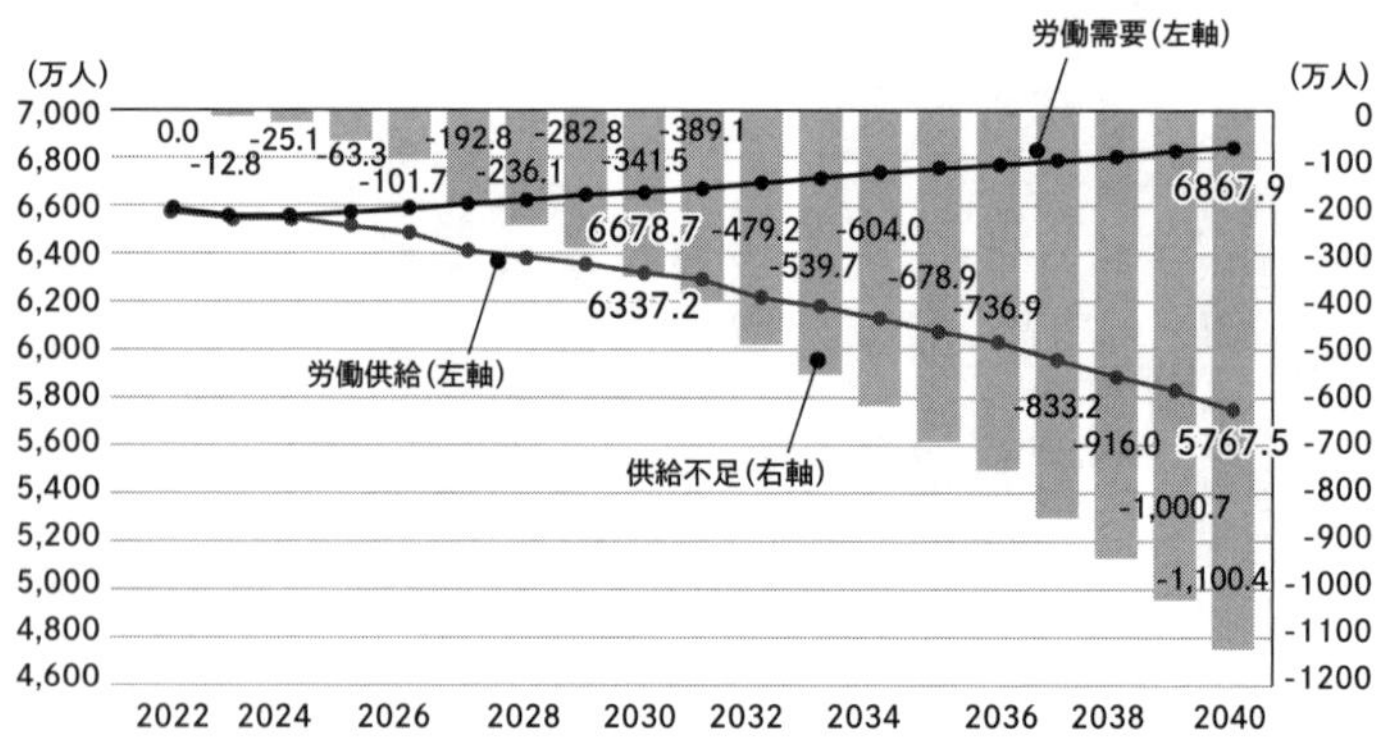

出典：リクルートワークス研究所「未来予測2040 労働供給制約社会がやってくる」

少子高齢化が進む中、デジタル人材の不足などの企業視点からの労働者不足というレベルではなく、「生活を維持するために必要な労働力を日本社会は供給できなくなるのではないか」という危機意識から発せられているレポートとなっています。

物流、建設、土木、介護、福祉、接客といった私たちの生活インフラを支える職業においては既に需給ギャップが顕在化し著しい人手不足が発生していますが、このレポートではさらに職種別に8分野（輸送・機械運転・運搬、建設、生産工程、商品販売、介護サービス、接客給仕・飲食物調理、保健医療専門職、事務、技術者、専門職）についての需給シミュレーションを紹介しています。

いずれの業種についても、２０４０年には大きく労働者不足に陥っているのですが、事務・技術者・専門職といったデスクワーカーについては、２０３０年時点では21・3万人の供給過剰で、２０４０年時点では、１５６・6万人の供給不足（不足率6・8％）に転じるとされています。つまり事務職においては２０３０年に向けては供給過剰で余剰人員が発生するため、供給不足に陥る前の過渡期であると考えられます。

そしてこの予測においては、東京都以外の全道府県が２０４０年に労働供給不足となっており、東京だけが日本の大きな社会課題から切り離され、ホワイトカラー層が課題の認知を早期に行うことが難しくなる可能性についても指摘されています。政策立案に関わる方や大企業の経営者の方たちが意識的に関心を持たないと、大きな格差につながるのではないかと考えます。

④ 労働需給バランス不均衡の解消とリスキリング

前述の2社のレポートの予測をもとに今後の日本の状況を考えると、多くの生産職、事務職の方々が余剰人員となるため、リスキリングを行って供給不足の分野に労働移動をする必要性があるということになります。

特にＭＲＩのレポートは２０２１年4月のものであるため、２０２２年末から大騒ぎとなっている生成ＡＩの急速な進化とその影響が反映されていないと仮定すると、２０３０年の時点における事務職の余剰人員数は１２０万人よりも多くなる可能性もあるのではないかと考えます。

❶働く私たちの将来の選択肢はどうなるのか？

マクロ環境における労働需給バランスが実際に前述のように推移したと仮定すると、働く私たちの選択肢は、どのように変化していくのでしょうか？

働く人々の意思を考慮せずに、日本という国全体のベストシナリオとして考えれば、余剰人員となった方々がリスキリングを行い、供給不足の業界へ労働移動していくことで、労働市場に安定がもたらされる結果となります。特にデジタル分野やグリーン分野のようなこれからの成長事業を担う人材として、社内外での労働移動が実現できれば、停滞している日本経済を押し上げる効果をもたらす可能性もあります。

一方で、働く私たちの気持ちを考慮した場合はどうでしょうか？　給与水準が比較的高い事務職の方々が、テクノロジーの進化とともに技術的失業の影響を受け、仕事がなくなるとします。その際に、リスキリングの結果、希望の分野の仕事に就ける場合はもちろん良いと思います。

しかし生きていくため、生活費を稼ぐために、本人が希望しない分野にしか受け入れ先がないといった事態になることも視野に入れなくてはいけないのではないかと思います。

2040年には労働供給制約社会という1100万人以上の人材不足の事態に陥るのであれば、事務職で余剰人員となった方々の多くが生活のために希望しない職種に吸収されていくのではないかと思います。大学を出て事務職に就くといったキャリアパスが当たり前ではない未来が待っているかもしれません。

特に、人間がやりたがらない重労働、かつAIやロボットによって代替がしづらい、ラストワンマイルの部分、効率化が難しい分野で大量に人間の労働力が必要となります。

日本を待ち受けている未来とは別に、自分のキャリアパスを自ら切り開き、実現したい方は、ぜひ今からリスキリングに取り組み、選択肢を広げて成長事業を牽引していくような人材として活躍していただけたらと思います。

⑤ 労働需給ギャップを解消するデスクレス・テクノロジーへの注目

前述のようにこれから労働需給ギャップと大規模な人材不足に向き合う日本において、特に余剰人員が多く生まれるとされる事務職からリスキリングを通じて労働移動を実現する際の受け皿の一つとして、僕が注目しているデスクレス・テクノロジー分野についてご紹介をします。これから到来する可能性の高い労働供給制約社会への解決策として、これから注目されるべき分野だと考えています。

❶デスクレス・ワーカーとは?

皆さんは「デスクレス・ワーカー」という言葉を聞いたことがあるでしょうか。2018年頃からアメリカで注目され始めたキーワードで、オフィスではなく、「机の前に座らない」現場で仕事をする方たちのことを指します。例えば、農業、製造業、小売業、医療、飲食業、教育、建設・不動産、運輸・物流といった業界で多く雇用されています。

米国サンフランシスコのEmergence Capital社の調査によると、全世界で全労働者のうちの約80%、27億人がデスクレス・ワーカーであり、各業界の人数割合は以下のようになっています。

農業：8・58億人
小売：4・97億人
製造：4・27億人
建設・不動産：2・65億人
教育：2・26億人
運輸・物流：1・89億人

医療・ヘルスケア：1・48億人
飲食系・ホスピタリティ：1・22億人

新型コロナウイルス感染症が全世界で広まったことで、リモートワークが難しいデスクレス・ワーカーの方たちの仕事の進め方にデジタル技術がうまく活用されていないことが浮き彫りになってきました。

❷デスクレス・テクノロジーとは？

デスクレス・テクノロジーというのは、オフィスワーカーではなく、現場で仕事をされる方たちを支援する分野のデジタル製品やサービスの総称です。このデスクレス・テクノロジー分野は、日本に今後訪れる可能性の高い労働供給制約社会への解決策として、生産性の向上のために、これから注目されるべき分野だと考えています。

前述のEmergence Capital社はこのデスクレス・テクノロジー分野への投資を支援しており、同社のレポートによると、このデスクレス分野へのソフトウェア投資額がたった1％しかないことを述べています。

つまり99％のソフトウェア投資はオフィスワーカー向けということです。そのため、Emergence

Capitalのゼネラル・パートナーであるケビン・スペイン氏は、「シリコンバレーが忘れていた労働者向けソフトウェア市場」と表現しています。

デスクレス・テクノロジーの対象分野は、①モバイル、②さまざまなハードウェア製品、③ドローン、④ウェアラブルです。シリコンバレーの著名なベンチャーキャピタルも投資案件数を増やしています。

・Teslasuit社

モーションキャプチャシステムによる教育研修を可能とするスーツを開発し、動作や触覚といったバイオメトリクスデータを取得し、職人の動作を再現、伝授することを可能にします。これは代表的なデスクレス・テクノロジーと言えます。

・FENDI社

店舗従業員向けに、スマートフォンを活用した万引き防止のためのARアプリを開発し、店舗従業員が実際に自分が働いている店舗で万引き防止のための講座を受けながら実際に店舗で実習することができ、万引きを55％削減しています。

このようにデスクレス・テクノロジー分野は人員不足が予測される日本の労働供給制約社会において、生産性の向上と、成長産業への労働移動を同時に叶える、重要な役割をこれから果たしていくのではないかと考えています。

4 リスキリング後に新しい仕事に就くために

リスキリングに取り組んで、これからのキャリアを考える際に必要な実践方法について紹介したいと思います。特に社内での配置転換や転職においては、いかに自分のスキルをアピールしてチャンスをもらうかが重要です。

スキルベース雇用の時代の職務経歴書の書き方

空前のデジタル人材不足により、米国やシンガポールでは従来の学歴重視の採用方法から、ポジションに必要なスキルを保有している人を雇う、スキルベース雇用が急速に広まっています。そのため、従来型の職務経歴のみならず、Skills Description（スキル記述）にフォーカスする書き方の重要性が高まっています。

①リスキリング経験者がチャンスをもらう「3P」

リスキリングをして社内で新たなポジションに応募したり、転職を前提として職務経歴書を作ったりする際、心がけていただきたいことがあります。それは現在の立ち位置を冷静に理解した上で応募をするということです。

リスキリングを実施したレベルや内容にもよりますが、よほど恵まれた環境でない限り、即戦力レベルに短期間で到達することは難しく、リスキリング直後の新しく身につけたスキルレベルは初歩レベルである場合が多いと思います。場合によっては、オンライン講座を修了したのみ、ということもあるかもしれません。配置転換のための志望書や転職のための職務経歴書を書く際に心がけていただきたい、大切な「3P」についてご説明します。

Passion（パッション：情熱）

まず当然のことながら、なぜこのポジションに応募したのかということを、読み手である人事部や採用マネージャーがパッションを感じられるように書くことです。職務経歴書内では表現することは難しいので、時間はかかりますが、別途、カバーレターを1枚添えて、志望理由を伝えることをおすすめします。

日本では職務経歴書と履歴書による応募が一般的ですが、海外ではカバーレターと呼ばれる志望動機をまとめたものを添付します。そのレターでそのポジションに就くためにリスキリングをして準備をしてきたことをアピールしましょう。

Potential（ポテンシャル：将来性）

そのポジションに必要なすべてのスキルを持っていない場合でも、リスキリングによって初歩的なスキルを身につけたのであれば、新しいポジションで活躍できるポテンシャルがあることをアピールしましょう。具体的には、そのポジションに必要となるスキルを優先列挙する書き方によって採用担当者に自分の保有スキルを理解してもらいます（２３６ページ以降で詳細を示します）。

よく「リスキリングをしても、転職は即戦力の人しか採用しないから無駄」といった意見を聞きますが、それは現時点で一定の人数が確保されている旧来のポジションにおいての話だと感じます。例えば、ＡＩやブロックチェーン、メタバースといった新しく生まれているデジタル分野などでは、そもそも新しく誕生したばかりで該当するスキルを持ち合わせている人が少ないので、ポテンシャルに期待をして採用するのが一般的です。僕自身、ＡＩ、ブロックチェーン、メタバース分野のスタートアップで仕事をしましたが、基本的な知識は事前に学び準備をしたものの、実践経験はないという状態でチャンスをもらって働き始めました。

そのため、新しく生まれた分野、もしくは成長分野においては、業務を通じてスキルを高めていけるポテンシャルや将来性をアピールすることがとても重要です。

Personality（パーソナリティ：人柄、個性）

最後に、チャンスをもらうためにはやはりパーソナリティ、つまり人柄や個性をアピールすることも大切です。人間的魅力と考えても良いかもしれません。志望理由書や職務経歴書の書き方や内容から会ってみたいと感じさせる工夫が必要です。また実際の面接の際には当然、パーソナリティやカルチャーフィットのチェックがあります。中高年がスタートアップに応募するような場合には、上から目線や横柄な態度、年齢の上下に細かい等の面が出ていると、カルチャーフィットの観点から採用されるのが難しくなります。

以上、リスキリングをした方がチャンスをもらうための3Pについてご紹介しました。繰り返しになりますが、成長分野の募集では、必要なスキルが全部揃った候補者は少なく、諦めずに最初のチャンスをもらうための、パッション（情熱）、ポテンシャル（将来性）、パーソナリティ（人柄）のアピールを心がけてください。

②リスキリング経験者に適したスキルの記述方法

次に、職務経歴書に記載するスキルの書き方についてお伝えしたいと思います。前述したように、スキルベース雇用が広まることで、職務経歴書の書き方についても変化があり、リスキリングをした人にふさわしい書き方があります。

・スキル記述の悪い例

日本の職務経歴書でよくある、A4横書きの最後の行に「資格」といったスペースを作り、運転免許証、MicrosoftのWordやExcel等の一般的なツールが使えるといった内容について書くやり方です。もちろん、ポジションによってはWordやExcelが使えることを記載すべき場合があります。特定の関数を使えることなどが要件となっている場合は記載が必要です。しかしアピールにならない場合は書く必要はないと思います。

エンジニアではなく一般事務職の人々がパソコンを業務で利用し始めた1990年代後半では、WordやExcelが使える人が希少だったので、書く価値は高かったと思いますが、現在では多くの方が使えるようになっているため、一般的なレベルの能力であれば記載は不要だと考えます。

・スキル記述の良い例

まず職務経歴書の上のスペースに名前や連絡先、その下に自分のキャリアサマリーを簡潔に書いた後、すぐに自分の保有スキルを記述します。募集しているポジションに必要となる重要スキルをピックアップして記載します。場合によっては、そのスキルのレベルや経験年数、スキルの獲得の背景となるエピソードなどを加えます。また応募ポジションで必要となるスキルについて、ハードスキルとソフトスキルに分類して記載しても良いと思います。

・スキルレベルを職務経歴書に記載する方法

以前セールスエンジニアの採用面接を行った際に、これは面白いと思った職務経歴書がありました。

職務経歴書の右側のスペースをスキルレベル表示に使った書き方です。応募するポジションに対して、自分がリスキリングをして身につけた初歩的なレベルのスキルについては、例えば5段階評価でレベル3、と正直に書きます（ポテンシャルにチャンスをもらえることを願います）。それに対してポジションに必要となるスキルの中で自分が貢献できる分野のスキルについてはレベル5といったように、自分のスキルレベルを数字で表記するのです。もちろん、左側の職歴を書くスペースで具体的な実績を説明することも可能です。

スキルをアピールする職務経歴書の一例

職務経歴書

後藤宗明

【職務概要】
富士銀行（現みずほ銀行）入行。渡米後、グローバル研修領域で起業。NPO法人、米フィンテック企業、通信ベンチャー、アクセンチュアを経て、AIスタートアップABEJAのシリコンバレー拠点設立に携わる。2021年、日本初のリスキリングに特化した（一社）ジャパン・リスキリング・イニシアチブを設立。22年
SkyHive Technologies日本代表に就任。著書に「自分
をアップデートし続ける『リスキリング』」（日本
メントセンター）。

【連絡先】
住所：東京都千代田区○○○ ○○○ ○○○
電話：03-××××-××××
e-mail: □□□□@fmail.com

【職務経歴】
Aコンサルティング社
・採用チーム（１００名：日本
務プロセス改革によりBPR推
・シンギュラリティ大学

Bトレーディング（取締役 グロ
［事業内容］海外渡航者用
員500名にて展開。訪日イ
■海外拠点のマネジメント
フランス、中国、韓国、香
・事業戦略企画、営業、マー
財務、法務、コンプライアン
・海外パートナーとの合弁、
現（3拠点）、不採算拠点の事
・海外新拠点開発（インドネシ

海外進出支援コンサルタント
■起業、新規事業含む海外・日本進出

【スキル】

ビジネススキル

・リスキリング支援	★★★★★
・海外進出支援	★★★★★
・日本進出支援	★★★★★

ハードスキル

・デジタル事業実務	★★★★★
・新規事業立案	★★★★
・プリセールス	★★★

ソフトスキル

・戦略的思考	★★★★★
・事業提携交渉	★★★★
・プレゼンテーション	★★★★

【教育】
・1995 早稲田大学政治経済学部卒

【資格等】
・TOEIC985点
・証券外務員

【表彰等】
・読者が選ぶビジネス書グランプリ2023総合4位

出典：一般社団法人ジャパン・リスキリング・イニシアチブ作成資料

そのセールスエンジニアの採用面接に応募された方は、人工知能分野のプリセールスのポジションで、人工知能分野の実務経験はなかったのですが、大企業向けのプレゼンの経験やカスタマーサクセスの経験が長く、SaaS（サース）サービスのプリセールスに必要な顧客向けのテクニカルな説明の経験が豊富であることが感じ取れたため、次の面接に進み、見事最終面接で合格しました。

③スキルインベントリー（スキル一覧表）の作成と取捨選択

第3章で自分のスキルの棚卸しについて書きましたが、まずは自分の考えうるスキルを全部記載したスキル一覧表を作りましょう。

スキルインベントリーとは、通常、組織がチーム内の従業員一人ひとりが持つスキルとそのレベルを記載したものを指しますが、応用して自分のスキルをリスト化してみると、自分のスキルの全体像が摑めます。これは提出目的ではなく、自分を把握するためのスキルの棚卸し目的のものです。

リスキリングをして新しいポジションに応募する場合、過去の自分の実績、強みとなるスキルを記さなくてもいい場合もあります。その場合は、勇気を持ってその情報は記載せず、募集ポジションに関連するスキルを一覧表からコピー&ペーストして、志望理由書や職務経歴書に記載するようにします。

スキル・インベントリー（スキル一覧表）の例

	習得スキル	レベル	将来性	詳細
A社	·インサイドセールス	3	↗	Salesforce, HubSpot実務等
B社				
C社				

勤務した会社ごとに業務経験を
振り返り、獲得したスキルの
自分のレベルや将来について
できるだけ書き出してみましょう

出典：一般社団法人ジャパン・リスキリング・イニシアチブ作成資料

リスキリング後の自分の価値をアピールするために

① リスキリング後に頼りになる「インフォーマルネットワーク」とは

株式会社人材研究所の曽和利光さんが、リクルート卒業生が意識的に活用しているインフォーマルネットワークの重要性について紹介されていました。インフォーマルネットワークとは、社内の上下関係のような公式なつながりとは異なり、新卒入社時の同期、同窓の卒業生、昔の上司や同僚、趣味等の同好会、勉強会といった非公式なつながりを指しています。

曽和さんがリクルートを退職して人材紹介会社に応募した際に提示された年収は、リクルート時代の年収の約半分だったそうです。ご謙遜もあるかと思いますが、38歳の採用実務担当者としては一般的な評価だということなのですが、インフォーマルネットワークを介して紹介された経営者からは、リクルート時代の倍の年収を提示されたそうです。それは、「リクルートのような組織をつくりたい」からでした。経営者にとっては、「リクルートの採用を知っている人物」という価値があるので、通常の転職市場のプラットフォームとは異なる評価がなされるわけです。半分の評価をする人と倍の評価をする人とでは4倍の開きがあるわけです。

この話を曽和さんからうかがって、「これを知っていれば僕の40代の転職活動はもっと変わっていたかも」と感じます。僕が100社落ちた理由は、キャリアチェンジをしようとした際に、インフォーマルネットワークがなかったためだと感じました。43歳で初めて転職活動をするまでは、ずっと知人や友人に誘われた会社で働いていた、つまり知らずにインフォーマルネットワークを頼っていたのです。ところがテクノロジー分野へ転職しようと思った時に、自分にはその分野で活躍している知人等の頼れる人がほとんどいなかったので、転職サービスに頼らざるを得なかったのです。その結果、「何をしたい人なのか分からない」「キャリアの一貫性がない」と低評価を受け、100社以上落ちるという憂き目にあったのです。

年収はピークの3分の1となりました。一般的な価値基準で評価される転職プラットフォームでは、当たり前のことだったのだと納得しました。僕のような一見、一貫性のないキャリアでは、低評価になるのも当たり前で、一般的な求人募集に受け身な姿勢で臨み、エージェントに丸投げ、他者からの評価だけで自分を評価するようになってしまっていたと振り返って感じます。

これから転職活動を始められる方は、ぜひ連絡待ちの受け身の転職活動から、インフォーマルネットワークを活用した能動的な転職活動へとアクションを変えましょう。

② 日頃からインフォーマルネットワークを築く

僕の過去の失敗の裏を返せば、リスキリング後のことを考えて、自分が新たに目指す職業や新しく身につけたいスキルに関連する世界でインフォーマルネットワークを築いておくことができれば、いざという時に役に立ちます。

テクノロジーの分野で活躍したいと僕がキャリアチェンジを決意した時には全くインフォーマルネットワークがなく、テクノロジー分野で働いている人たちなどに積極的に話を聞きに行ったり、勉強会に所属したりすることもしていませんでした。むしろ、転職市場における自分の評価を受け入れて、「自分はもう相手にしてもらえない人材、終わったんだ」と思い込んでいました。

しかし諦めが悪いといいますか、技術的失業を解決するには、絶対にテクノロジーを理解していないといけないという思いが消えなかったため、海外の国際会議や展示会に参加し、先進分野で活躍する方々に基調講演後にすぐ話しかけに行くことを続けたのです。毎回、基調講演中に何の質問をすべきかを考えながら、質問する内容を書き出して、終わった後に勇気を持って質問するのです。LinkedInでつながり、その方たちが発信する投稿を毎日ひたすら読み、分からない用語を調べるうちに（ほとんどいつも調べることになるのですが）いつの間にか、ＡＩ分野で活躍している海外の方たちと知り合いになり、つながりを維持できていることに気づきました。

はるばる日本から来ていて、しかもいつも会場に日本人は僕しかいないので、とても目立っていたこともあり、そのガッツを認めてもらっていた、いわば「なんかこいつ変わってるけど、つながっとくか」と思わせるような印象を与えていたのではないかと思います。

これは転職のみならず、社内でもとても有効です。外資系企業では、「スポンサー」と言い、自分の希望するキャリアに就くために応援してくれる人を指します。辞書では「身元引受人」、という訳で表現されています。自分の希望する部署で働く人やその部門の部門長と非公式につながり、自分のポテンシャルやその部署で働くために努力していることなどを常日頃から伝えたりアピールしておくのです。そうすると、欠員が出たタイミング等で、社外から募集する前に、「欠員出たけど、まだ興味ある？」と突然連絡が来たりと、チャンスが訪れるのです。

私の友人にも外資系企業の日本法人で働きながら、アメリカやイギリスの本社の役員などが来日した際に積極的に関係を構築し、その後も自分の売り込みのためのフォローアップを欠かさず、ついには「ポジション空いたけどチャレンジしてみるかい？」というオファーをもらい、海外勤務を実現している人たちがいます。

また僕自身も、２０１６年にＡＩの分野で仕事をしたいと決意してから、自分で情報収集や勉強をしたり、夏季休暇を利用して自費でＧＡＦＡＭのＡＩ担当者の講演に積極的に参加したり、展示会では面白そうなＡＩスタートアップのブースを訪れて関係を構築したりしていました。

僕が今日本代表を務めているSkyHive Technologiesというスタートアップとの出会いも、２０１７年にその存在を知って連絡をし、２０１９年にサンフランシスコで行われた国際会議で初めて「ぜひ日本事業立ち上げをやらせてほしい」とアピールしたところから関係が始まりました。それ以来、ボランティアで日本企業を紹介したり、日本のメディアに紹介するために取材機会を提供したりして、自分の存在をアピールし続けてきました。

そして忘れもしない2021年9月、"Are you still interested in working with SkyHive?（SkyHive社と働くことに今も興味ありますか？）"と突然メールをもらい、面接を経て、日本事業責任者をやらせてもらえることになったのです。

リスキリングをして自分の希望の業務や職業に就くために、日頃からインフォーマルネットワークを築き、維持することをおすすめします。

章

リスキリングは競争から共創へ

～雇用とリスキリングの未来～

1 リスキリングによる「失業なき成長産業への労働移動」を実現するために

働く個人がリスキリングに対するマインドセットを持ち、学習を進め、スキルを実践し、新しい成長事業に就くことができるためには、各企業、自治体からの支援が欠かせません。

皆さんも、自分の所属する会社に働きかけたり、生活している自治体に制度の策定を働きかけたりすることによって、自分のリスキリングの環境をより良いものにしていくことができます。

労働移動の理想的な順序について

STEP1：企業内における労働移動

まずは企業に勤める人のリスキリングに大きく関係する「労働移動」について、その理想的な流れを見ていきましょう。現在の日本の状況を鑑みると、最初に行うべきは、企業の不採算部門に見

国・自治体、法人、個人が各リスキリングのフェーズごとに行うべきアクション

リスキリングのステップ		個人		法人	国・自治体	
		社内	転職		個人支援	法人支援
1	マインドセット（準備段階）	やりたいこと、方針	やりたいこと、方針	将来スキルの提示 スキルの可視化	リスキリングの正しい啓蒙 デジタル・グリーン方針	リスキリングの正しい啓蒙 デジタル・グリーン方針
2	学習	新たなスキル習得に向け、学習開始	新たなスキル習得に向け、学習開始	就業時間内に学習環境提供	無料講座等の提供 講座受講者への助成金	無料講座等の提供 有料講座受講企業への助成金
3	スキル（実践段階）	初心者スキル獲得 社内アプレンティスシップ	社内アプレンティスシップ 副業兼業機会の活用	（仮）配置転換 OJT アプレンティスシップ機会の創出	デジタル、グリーンスキル習得支援 アプレンティスシップ支援	アプレンティスシップ受入企業支援 アプレンティスシップ実施企業支援
4	職業	現業務で実践開始 配置転換希望	転職活動	本配属支援 昇給・昇格機会の提供	リスキリング実施者へ職業紹介など	デジタル、グローバル実践企業への海外進出支援など

切りをつけること、非生産的な業務を徹底的に減らすことです。その際に、従業員の雇用を維持しながら、社内の成長事業への労働移動を実現すべく、リスキリングを実施します。

従業員が業務を通じて新しいデジタルスキルを身につけて生産性を高め、成長事業を担う人材へと成長していくことを支援します。

STEP2：企業間における労働移動

ＳＴＥＰ１によってリスキリングに取り組み、生産性の向上した従業員が新しいキャリアを模索するために社外に転職をすることにより、正の人材流動化が起きます。社員が転職することに抵抗を持つ方もいらっしゃると思いますが、自社に素晴らしいリスキリングの環境を用意することで、社外から優秀な人材も転職してきます。

ＳＴＥＰ１を経ずに、仮にリスキリングをしていない、生産性の低い従業員を解雇し、社外に放出した場合、自社の生産性は一時的に上がる可能性もありますが、むしろ解雇することによる負の側面が企業文化を蝕み始めます。従業員は自分の雇用を守るために互いに協力をしなくなり、従来の日本企業が大切にしてきたチームワーク等の価値観が機能しなくなる可能性も出てきます。

社会全体として見た場合にも、低スキルの人が社外に大量に放出される状態より、ＳＴＥＰ１を経た上で新しいスキルを身につけた人材が企業間で労働移動をする方が、より良い結果をもたらします。

各ステークホルダーが行うべきこと

リスキリングを共創の上で進めていくために、、企業、国・自治体、個人が取り組むべきことを以下に挙げたいと思います。

① 企業が行うべきこと

❶社内に成長事業を作り、リスキリングをした従業員の配置転換を行う

時代とともに衰退していく事業から成長産業へとシフトし、その事業を担う人材を育成していくための職業能力の再開発がリスキリングです。不採算部門や非生産的業務に就いている従業員を、成長事業や採算部門へ配置転換し、自社の生産性を高めることが必要です。

❷未経験者に実習機会を提供する「アプレンティスシップ制度」を導入する

現在の日本のリスキリングの主流は、福利厚生の一環として業務時間外に、オンラインで自由に好きな講座を従業員に学んでもらうという手法です。しかし、これでは従業員の社外流出のきっかけをつくることになりかねませんし、また会社としての目的なきオンライン講座の提供は、デジタルトランスフォーメーション等の事業変革を実現するための原動力にはなりえないのが実情です。

そのためにも、未経験者に新しいスキルを習得する機会を「業務」を通じて提供する「アプレンティスシップ制度」を導入していただきたいと思います。欧米、シンガポールなどでは、現在主流

となっている最新のリスキリング手法です。

自社の将来の成長事業を創出し、それを担う人材を育成するためにも、学ぶ機会の提供だけではなく、スキルを身につけ、実践する機会の提供もすることが必須です（アプレンティスシップ制度の詳細については前著をご覧ください）。

❸リスキリング機会の提供を恐れない

経営者の方々などはリスキリング機会を提供すると従業員が辞めるという思い込みがとても強いように感じます。もしかするとリスキリング機会を通じて、新しくやりたいことを見つける従業員もいるかもしれませんが、多くはその機会に感謝して、ロイヤリティが上がり、会社に貢献しようとします。

万が一リスキリング機会を提供して退職する従業員が出たとしても良好な関係が維持できるよう、アルムナイプログラムを運用し、成長してまた戻ってくる従業員との新たな関係性を構築する方が将来的に良い効果が期待できます。

僕はいつも、人が会社を辞めるのは、①やりがい、②報酬、③人間関係の3つのうち2つに大きな不満を抱える時だとお伝えしています。リスキリング機会を提供したら従業員が辞めるというのは間違いです。もともと前述の①～③に対して不満がある人が、リスキリング機会をきっかけに転

厚生労働省の人材開発支援助成金

助成率・助成額

①助成率・助成限度額

経費助成率		賃金助成額（1人1時間）		1事業所1年度あたり助成限度額
中小企業	大企業	中小企業	大企業	
75%	60%	960円	480円	1億円

②受講者1人あたりの経費助成限度額

10h以上100h未満		100h以上200h未満		200h以上	
中小企業	大企業	中小企業	大企業	中小企業	大企業
30万円	20万円	40万円	25万円	50万円	30万円

出典：「人材開発支援助成金（事業展開等リスキリング支援コース）のご案内」（厚生労働省）より著者作成

職という結論に至るだけです。

むしろリスキリング機会を提供しないと、逆に社外からの優秀な人材が入ってこないという悪循環を招きます。

❹国や自治体のリスキリング支援策を積極的に活用する

まだまだ十分な状況とはなっていませんが、国や自治体がリスキリングを支援するための助成金などを提供し始めています。例えば、厚生労働省は、人材開発支援助成金「事業展開等リスキリング支援コース」を用意し、デジタル化やグリーン化に取り組む企業を支援すべく、助成金を提供しています。

❺財務体力のある企業は無償のリスキリング機会「社会貢献プログラム」を提供する

欧米の財務体力のある企業は、自社の優秀な従業員となり得る人材を発掘する目的も込みで、無償でリスキリング機会を提供する「社会貢献プログラム」を運用しています。Microsoftのグローバルスキル イニシアチブをはじめ、Google、SAP、Salesforceといった企業は社会貢献の一環としてリスキリング機会を無償で提供しています。

②　国や自治体が行うべきこと

❶官民連携の仕組みを構築し、助成金等の支援を行う

地域ごとに主力となる産業があり、また将来強化すべき重点産業があると思います。国や自治体の生き残りをかけて、官民連携の仕組みを構築し、企業と個人を支援してほしいと思います。「PPP(Public Private Partnership)」の一形態として、Tri-Partite Agreementといわれる自治体、企業、労働組合(場合によってはNPO等)による三者契約によってリスキリングを推進していく事例が、欧米やシンガポールなどのリスキリング先進国では一般的になっています。

❷業界団体、経済団体との協働

自治体によって、観光、農業、漁業、製造業等、地域を支えている産業が異なりますので、業界団体や経済団体を巻き込んで、リスキリングを支援していくことが効果的です。例えば、観光業を担うホテルなどに必要なリスキリング分野、必要となる将来スキルなどには共通点がありますので、地域の観光協会と連携したりするのも良いでしょう。インバウンドを強化するためにデジタルマーケティングのスキル等は共通して必要になるからです。各地域ごとに強化すべき重点産業を定め、リスキリングへの投資と支援を進めていきましょう。

③ 働く個人が行うべきこと

❶不測の事態に備えて、積極的な情報収集を行う

第4章でお伝えしたように、私たちの雇用環境は良くなっていく兆しより、むしろ危うくなる傾向が強くなっています。デジタル技術の進化による労働の自動化、技術的失業に備えるには、もはや待ったなしの状況です。そのため、日頃から雇用環境に関する情報を積極的に収集し、自分のキャリアをどのように構築していくかを常に考えて、軌道修正していくことが、危険な状況に陥らないためには必要です。

❷企業、国や自治体のリスキリング支援策を探す

まだまだ始まったばかりですが、国や自治体がリスキリング支援のための施策を充実させてきています。まずは自分が働いている組織におけるリスキリング環境を利用してください。リスキリング制度がない企業で働いている方は、仲間をつくってリスキリング制度を導入すべく動いてみてください。それも難しいなら、国や自治体が提供している個人向けのリスキリング支援策を活用して、成長事業に身を置き、リスキリングに取り組みましょう。

❸自己責任においてリスキリングを行い、習慣づける

リスキリングし続ける方は、将来の選択肢が増え、その分裁量の幅が広がっていくのに対し、リスキリングをしない方は、将来の職業の選択肢が極端に減り、厳しい未来が待っているように思います。

組織内の環境を活用してリスキリングができる方、残念ながら個人でリスキリングに取り組まなくてはいけない方、さまざまだと思いますが、これからの時代、自分の雇用を守れるのは、自分しかないと意識してリスキリングに取り組んでいただきたいです。

私の友人で、「男は裏切るけど、教育は裏切らない」という名言を残した方がいました。この言葉を借りるなら、「リスキリングはあなたを裏切らない」とお伝えしたいと思います。

2 競争から共創へ
～拡大していくリスキリング格差を防ぐ～

ChatGPTの登場により、今後起きうる変化の一つとして、さまざまな格差の拡大が生じていくのではないかと考えています。

既に存在しているリスキリング格差

① 生まれながらにして、スタート地点は違う

・100ドル争奪競争が示す、人生のスタート地点

一時期ネットで拡散されたYouTubeの動画に、自分の努力とは関係なく、生まれながらにして格差があることを伝えるものがあります。高校卒業後から大学進学の間のギャップイヤー向けの教育

プログラムを提供している米国ミズーリ州のLink Yearという学校の創立者のアダム・ドニエス氏が行った授業の動画です。

動画は一列に並んだ生徒たちが賞金100ドルをかけて短距離走を行うというものですが、8つの条件をつけて、より多くの条件に該当している人たちほどスタートラインが前になっていきます。

- 今も両親が結婚している人は2歩前進
- 大きくなった時に父親が家にいた人は2歩前進
- 私立の学校に通っていた人は2歩前進
- 育った家庭に無料の家庭教師がいた人は2歩前進
- 携帯料金の支払いの心配をしたことがない人は2歩前進
- 母親か父親の請求書を支払うための手伝いをしたことがない人は2歩前進
- スポーツ特待生を除き、大学の学費を自分で払わなくて良い人は2歩前進
- 食事が食べられるか心配したことがない人は2歩前進

スタート地点で前にいる人たちは、生まれながらにして勝つ可能性、チャンスがあるという示唆をしています。「スタート地点が前だから勝てるんだ」というメッセージは人種の特権についてさ

まざまな論争を巻き起こしましたが、人は生まれながらにしてスタート地点が人それぞれに違うという強烈なメッセージを伝えています。

②日本のリスキリング格差の実態とは

100ドル競争の話は海外で起きている別世界のことと捉えてしまう方もいらっしゃると思いますが、日本は世界でGDP3位の豊かな国でありながら、年収127万円未満の貧困線に満たない世帯員の割合である相対的貧困率が15・4%、日本人の6人に1人は貧困層と分類される状況にあります。ひとり親世帯に限ると、2人に1人が貧困という割合になります。

僕は2009年から10年間、東京都の児童養護施設で暮らす子どもたちのリーダーシッププログラムの運営ボランティアを担当してきました。親からの虐待を大きな理由に家族と暮らせない子どもたちは、高校卒業と同時に世帯主となるため、高校3年間は施設を出た後に独り立ちするための貯金のためのアルバイトをしなくてはならず、親にお金があったり、支援者がいたりしない限り、大学に行くことも叶わないのです。

そのアルバイトの時間を捻出するために、学生時代に学ぶ時間が限られ、卒業後は低収入で不安定な職業に就かざるを得ない方々が多くいます。そういった環境で社会人としてのスタートをした方と、一流大学を卒業して大企業に正社員として入社した方とは、リスキリングのスタート地点が大きく異なる訳です。

・収入格差

2023年4月のITmediaに「リスキリングは『お金を理由に諦めた』――スキル取得にも〝年収格差〟の実態」という記事が出ました。「お金が理由で、デジタル関連のリスキリングを諦めたことがありますか?」という問いに対して、「ある」と答えた人は年収400万円以上の人では36%だったのに対し、年収400万円未満では51%という結果になっています。

現在はまだリスキリングに取り組んでいる人が少ないですが、企業が自社の従業員にリスキリング環境を提供しない限り、今後リスキリングが一般的になるにつれて、この収入格差が機会の差になっていくのではないかと考えています。

・職業経験の格差

前述の動画同様、実は社会人としてのスタート地点の違いによって、職務経験やスキル獲得においても大きな差が出ます。その格差を前提とすると、これからリスキリングに取り組む場合、当然その内容や必要な学習量等は人によって異なり平等ではないのです。

大企業の正社員として社会人を始めた方は、しっかりとしたＯＪＴや研修を経て、社外でも通じるいわゆるポータブルスキルと呼ばれるビジネススキルを身につけることが可能になります。一方、非正規雇用の環境で、特定業務だけ、単純作業だけを担当していると、身につけられるスキルは限定的になる可能性が高くなります。

リスキリングによってデジタルスキルを身につける場合でも、環境によって結果が大きく異なります。例えば、デジタル分野の新規事業担当となって収入が上がり、キャリアアップにつながる場合もあれば、プログラミングの技術を持っているのにもかかわらず下請け仕事で給与が低いままになってしまう場合もあります（ＩＴ奴隷という言葉があるくらいです）。

・時間捻出の格差

また、正社員の方で、月給で働いている方と、時給で働いている方では、リスキリングに対する時間捻出の条件が大きく異なります。後者の場合はリスキリングのために時間を捻出しようとすると、勤務時間を減らさなくてはならず、時給が減り、生活費が減るといった本末転倒な状況に陥ることもあるのです。そのため、企業が就業時間内に業務としてリスキリングを実施することが重要なのです。

・学習経験の格差　～学ぶことが苦手な方を支援するリスキリング施策が必要～

2023年3月の『AERA』に、「東大生の親の年収『1千万円以上』が40％超、世帯収入が高い家庭出身の学生が多い理由」という記事が掲載されました。東大合格者数の高校ランキングの上位20校のうち、15校が私立ですべて中高一貫校という結果になっているそうです。もちろんこれも、家庭環境によってスタート地点がかなり違う例であるわけですが、ここには教育格差だけではなく、学習経験の格差も存在しています。

同記事において、教育社会学者の龍谷大学・松岡亮二准教授は、「教育格差とは、どのような家庭や地域に生まれたかという初期条件によって教育の結果である学力や最終学歴に差がある傾向を指します」（「東大生の親の年収『1千万円以上』が40％超、世帯収入が高い家庭出身の学生が多い理由」AERA）と述べています。

この教育格差によって、実は将来的な「学習経験の格差」も大きくなるのです。学習することに成功体験があって自信が生まれ、学ぶことが当然という考え方をもつことはもちろん理解できます。ただ現在の日本のリスキリングの議論はこうした学ぶことに成功体験のある方の視点のみに偏ってしまっていて、学習に対して自信がない方に対する配慮や支援策が欠けているのではと感じます。

現在の日本のリスキリングに対する認識や支援の仕組みは、あまりに個人の自助努力を前提とした価値観、施策に偏っているのではないかという懸念を持っています。弱い立場にある人たちを支えるリスキリング環境の構築を目指す必要があるのです。現在の過剰な自己責任論にもとづくリスキリングに対する価値観や制度のままでは、リスキリングは失敗し、企業の成長や日本の生産性の向上に結びつかない可能性が高くなることを危惧しています。

生成AI（ChatGPT）が拡大させるさまざまな格差

①デジタル技術の理解の差がもたらす「情報格差」

2021年にジャパン・リスキリング・イニシアチブを設立し、日本全国でリスキリングを広めるための活動をしている中、痛切に感じることがあります。それは、デジタル技術に対する理解度の差がもたらす「情報格差」です。デジタル技術の基礎知識がないために、新しく生まれているサービスや製品に対する興味や、自社に対する影響を軽視してしまう傾向が強くあるのです。

リスキリングを理解していただくための研修を実施する際に、最新デジタルテクノロジーを用いた製品やサービスをどれくらいの方が使っているのか、いつも参加者の方にアンケートを取っています。その際、平均的に参加者の10％、多くて20％くらいの方がそういった製品やサービスを使っていると回答しています。

ところが、「ChatGPTを使ったことがありますか?」と聞くと、最低でも30%、多い時には70%以上の方が触ったことがあると回答をします。これは、本当に劇的な変化です。

デジタル分野のリスキリングを進めていく際に、人によって段階ごとに壁があるのですが、ChatGPTの導入スピードを見て、気がついたことがあります。

以下、実際にChatGPTが日本で使えるようになってから、周囲を見ていて気づいた「情報格差を生み出す壁」について考えてみたいと思います。

・リスキリングを阻む情報格差を生み出す8つの壁

まず誰にでも訪れる6つの壁があります。

①機会の壁

まず新しい情報が入ってくるかどうかという、「機会の壁」があります。例えば、ChatGPTという新たな情報に触れる機会がある・ないといったことです。これは同質性の高い地域のコミュニティで、新しい情報に触れる機会が極端に少ない場合に特に起きています。例えば、毎日同じメンバーと働き、新聞を読まない、ニュースを見ない、スマホはゲームとSNSしかやらないといった場合には、新たな情報を遮断する、大きな「機会の壁」が存在しています。

②認知の壁

ChatGPTについて知る機会があっても、それを認知する・しないという「認知の壁」があります。人は多くの場合、自分が興味のある情報は取りに行こうとしますが、興味のない情報は触れていても右から左に流れていってしまいます。

③判断の壁

ChatGPTが便利だと認知したものの、それが自分にとって有益なのか、無益なのかという損得の「判断の壁」も大きいです。知っているものの、自分には関係ない、自分が関わる必要はない、という判断に至るのです。デジタル技術が浸透しないのは、この損得の判断がとても大きいように思います。

④経験の壁

損得を判断した上で、実際に使ってみるという「経験の壁」もあります。まず触ってみる、使ってみるということをせず、情報だけで「知っているつもり」になっている人が多く存在します。そこからさらにChatGPTを使ってみるところに至るには、かなりの段階を経る必要があることがお分かりいただけると思います。

⑤理解の壁

実際にChatGPTを使ってみると、ここで「理解の壁」が大きく立ちはだかります。この技術が自社にどのような影響を与えるのか、自分の仕事がどのように変化するのかを理解できるかどうかが人によって分かれるのです。多くの人がそれを理解できず、ここでおそらく使うのをやめるという判断に至ります。ここから時間をかけて、大きな「格差」が水面下で拡大していきます。

⑥有料の壁

これも大きく存在している壁です。ChatGPTサービスの最新版であるGPT-4という言語モデルを利用できる有料サービスは月に20ドルかかります。実は、ここで有料版を契約するか、無料版のままで良いか、という大きな壁があります。「月に20ドルくらいなら、まあ使ってみるか」という判断と、「月に20ドルは高くて出せない（出す価値はない）」という判断との違いです。ここは、投資価値として前述の①~⑤を通じた総合評価によって判断されるところだと思いますが、さまざまなサービスと接続するプラグイン機能など、さらに生産性を上げていくためのツールを使えるかどうかの分かれ目になります。

そして、残り2つは、技術の壁、言語の壁です。新しく生まれ、進化していく技術をキャッチアップできるかどうか、そして生成ＡＩ分野の最新情報を収集するために他言語を活用できるかどうか、です。

こうした障壁があるため、ChatGPTを含む生成ＡＩを使う人と使わない人で情報収集のレベルが変わり、情報格差が拡大していくのです。

②評価の格差

・現時点で存在している「格差」を拡大する作用

僕がこれからより深刻になるであろうと考えている格差として、「評価の格差」があります。

ChatGPTを使ってみて感じることですが、活用の上でとても大切なのが「情報が正しいのかどうか」を判断する力があるかどうかということです。ChatGPTはこれから凄まじいスピードで進化していくと思いますが、現段階ではハルシネーション（幻覚）と呼ばれる「もっともらしい嘘」、つまり、間違った回答をする可能性が大いにあるということです。

ChatGPTはとても便利なツールですが、現時点では使う側に「正しいか、間違っているか」を判断する前提となる知識、理解力、判断力が求められるのです。そのため、「これは便利だ！　アシスタント代わりに使おう！」という人もいれば、「間違うし、自分の仕事にはあまり関係ないかも」という人もいて、反応に大きな違いが生まれます。

この状態からどのようなことが起きるかというと、現時点で知識があり判断力も高い周囲からの「評価」の高い人は、ChatGPTを使いこなして生産性を上げ、より高い評価を得るようになり、また現在特定の分野の知識がなく、ChatGPTのような生成ＡＩを使って生産性の高い仕事をすることができない、という方の評価は下がっていくというシナリオが想定されます。

・生成ＡＩで超一流だけが生き残る時代へ

ChatGPTのような生成ＡＩを使いこなす上で前提となる知識、問題意識の差によって、入力したプロンプトに対して出てくる回答が異なります。そのため、前述したような格差が拡大していく可能性があるのです。

例えば、一流と評価されるコンサルタントがいるとします。顧客の期待を上回る提案を行い、成果をもたらす課題解決能力の高い人だとします。そういう方は、おそらくChatGPTのような生成ＡＩをアシスタントとして使いこなし、自分の思考の幅を広げ、従来の仕事のスピードを大幅に短縮して今まで以上に顧客の期待を上回る結果を出せるようになります。上方圧力が働き、一流が超一流になるイメージです。

ところが、現在低評価に甘んじている方、例えば、顧客から「この程度の提案内容なら、自社のスタッフだけで思いついてしまうよ」と言われてしまう方がいるとします。その場合、ChatGPTを使えば多少の変化はあるかもしれませんが、大前提にある課題解決能力の差がChatGPTの活用力の差となって、むしろ仕事の質や量の差が拡大していくのではないかと思います。下方圧力が働き、さらに評価が下がっていく可能性があるのです。さまざまな業界の方々とChatGPTに関する議論をさせていただきましたが、現時点ではChatGPTは格差を拡大させるのではないかと考えています。

また、評価の格差はすなわち収入の格差を広げます。現在の収入レベルにおいて、ChatGPTの有料版を契約し、年間240ドル払うかどうかは仕事の生産性向上における格差を生み出し、それが収入の格差を広げていくことになるのではないかと危惧しています。

リスキリング格差に一石を投じる企業プログラム

欧米では企業が運営する失業支援のためのリスキリング講座や無料プログラムなどがたくさん利用可能になってきていますが、日本でもリスキリング格差の是正のために動きだす企業が現れ始めています。

Schooとメルペイ「みんなのリスキリング」

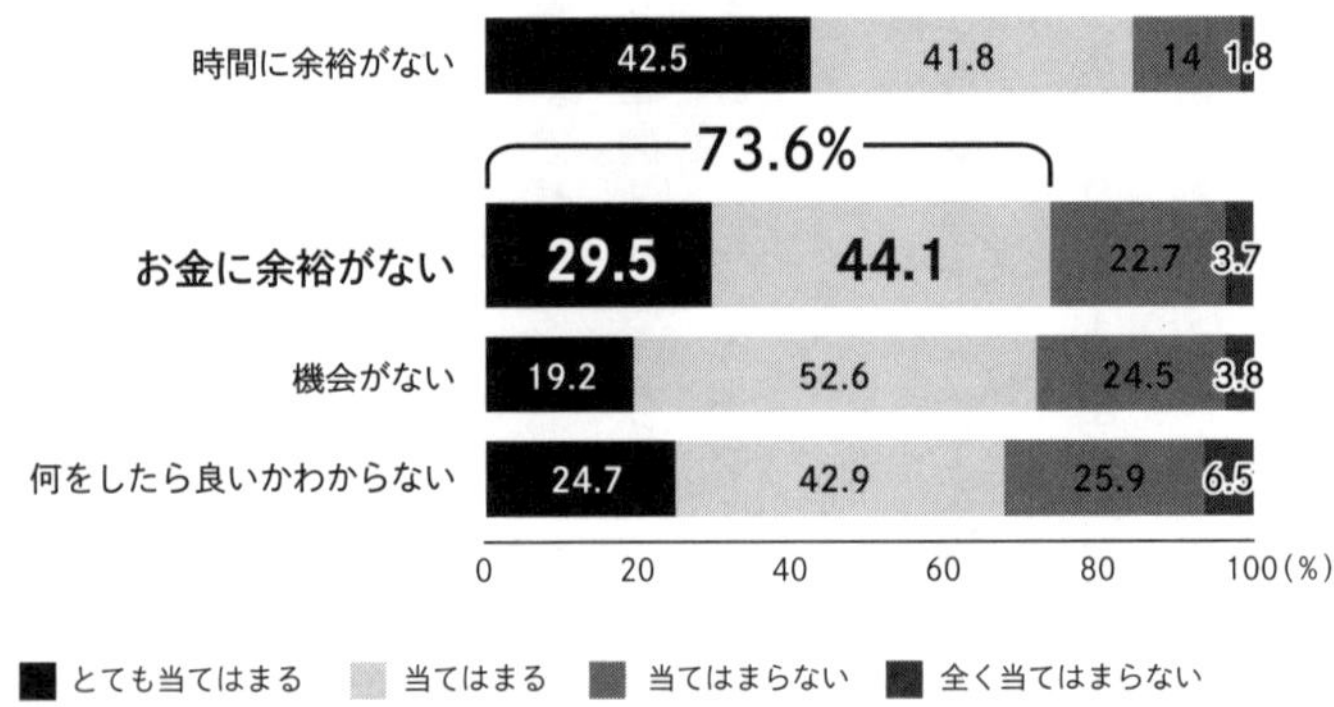

出典：2023年5月メルペイ実施調査による発表資料

① Schoo（スクー）とメルペイ「みんなのリスキリング」

前述のITmediaの記事に出ていた調査でもご紹介させていただきましたが、やる気だけの問題ではなく、収入の格差によってもリスキリングを断念しなくてはいけない状況が存在しています。

物価上昇下でメルペイが実施した調査で、「スキルアップを実践したいけど実践できていない」と回答した人の実践できない理由として、約73・6％の方が「お金に余裕がない」と回答しているのです。

また同様に「スキルアップを実践している」と回答した方の内訳を見ると、年収が高くなるほど割合が増加する傾向があり、

「スキルアップを実践したいが、実践できていない」と回答した方の割合は年収が低くなるほど増加する傾向にあるとの結果が出ています。まさに「リスキリング格差」が起きてしまっているのです。

そこで、収入の差による学びの機会格差の解消のため、Schooとメルカリの金融子会社であるメルペイは共同で、期間限定のリスキリング支援サービスを開設しました（現在は休止中）。特定の条件を満たすと、毎月実質425円、ワンコインでの受講を可能にしました。

両社の本業を持ち寄り、リスキリング格差是正のために提供されている素晴らしいプログラムだと思います。私も記者発表会に同席させていただき、この取り組みへの支援をさせていただきました。こうした本業を活用した格差解消のためのプログラムが今後も出てくることを期待しています。

② 株式会社MAIA「糸満（いとまん）でじたる女子プロジェクト」

「糸満でじたる女子プロジェクト」は未経験者でもリスキリングによってデジタルスキルを身につけることができる講座です。受講期間は4ヶ月間（約200時間）で、学習はオンラインで実施されます。実際にリスキリングのためのオンライン講座を株式会社MAIAが提供しています。

パソコンの定型作業を自動化するRPA（ロボティック・プロセス・オートメーション）開発コ

ース、ＷＥＢデザインコース、ＳＡＰの開発やテストを行うコースなどがあります。

日本のリスキリング支援策はまだまだ始まったばかりです。これからリスキリング機会を創出する自治体、企業の担当者の方には、ぜひこういったリスキリング格差を解消していくような施策を実施していただきたいと考えます。

また時間的、費用的にリスキリングに取り組む余裕のある個人の方々にも、こういったリスキリング格差について知っていただき、リスキリング成功の暁には、これから取り組む方々のロールモデルとして、リスキリング機会を共創するための支援のお手伝いをしていただけたら幸いです。

3 雇用を守る官民連携による推進組織と具体策

日本におけるさまざまな官民連携によるリスキリング推進事例

2022年は日本全国で本格的にリスキリング推進に向けた官民連携の好事例が現れた年でした。特に中小企業支援、在職者支援、求職中の働く個人の皆さんの支援に関係が深いので、どのような支援の仕組みが始まっているのかをぜひ知っていただき、自身のリスキリングをサポートしてくれる仕組みとして活用してください。

① 地方自治体主導のリスキリング推進

❶広島県

全国に先駆けてリスキリング支援に向けた議論を開始し、官民連携の仕組みを構築したのは広島県です。湯崎知事のリーダーシップのもと、商工労働局産業人材課の職員の皆さまが前例のない手探りの状態から試行錯誤しながらのスタートでした。

まず2022年4月に広島県にとって理想的なリスキリング支援策を協議するための第1回広島県リスキリング推進検討協議会が開催されました。商工会議所、経営者協会、経済同友会、連合、広島市立大学、県立広島大学が中心となって協議会を運営し、また専門的な議論を行うための分科会として、スキル分科会と雇用環境分科会を設置、今後必要となるスキルを整理し、働きながらリスキリングを行うための労働環境や雇用のあり方を検討しています。官民連携によるリスキリング推進のあるべき姿を策定するべく、民間を代表して僕も委員として参加させていただいています。

また同年6月にはキックオフイベント「広島県リスキリングセミナー」で講演をさせていただき、湯崎知事とのパネルディスカッションに参加しました。このイベントでは、県内のリスキリング推進企業を応援する仕組みとして「広島県リスキリング推進宣言」を行う企業へ、合計で1・45億円の助成金支援を行う仕組みも発表しました。2023年7月現在、177社もの県内企業がこのリスキリング推進宣言を行い、従業員の方々のリスキリングに取り組み始めています。

❷東京都

東京都も宮坂副知事のリーダーシップのもと、素晴らしい支援の仕組みをつくっています。2022年5月から「東京都DX人材リスキリング支援事業」が開始され、リスキリングに取り組む中小企業を支援するプログラムとして、ステップ1「DXスキル診断／学習計画」、ステップ2「DX講習」、ステップ3「学習効果の『見える』化」の3ステップに分けて実施しています。

このプログラムはベネッセコーポレーションが日本で展開している動画学習サービスUdemy Business（ユーデミービジネス）を活用し、①業務効率化コース、②データを活用した営業力向上コース、③集客／売上向上コース、④経営戦略コースの4つの目的に応じて、学習環境が提供されています。

❸石川県加賀市

2022年9月には、石川県加賀市において「加賀市リスキリング宣言～Next GAFA Project～」の発表がありました。石川県加賀市は消滅可能性都市と指摘されていることもあり、宮元市長による市の生き残りをかけた強力なリーダーシップのもと、「挑戦可能性都市」としてリスキリングに取り組んでいます。リスキリング推進に関する連携協定も締結し、地域の金融機関、経済団体、業界団体、地域の中核企業が参加し、市内企業のリスキリングを支援する仕組みが始まっています。

最初の試みとして、株式会社デジタルカレッジＫＡＧＡ（通称：ＤＣＫ）が中心となって、リスキリング推進のためのシンポジウム、経営者向けワークショップ、起業家育成プログラム、加賀市内におけるドローン活用実験、エンジニア養成講習会などが実施されています。また地域企業におけるリスキリング支援なども始まっています。

・石川樹脂工業のデジタルトランスフォーメーションとリスキリング

石川県加賀市に本社を構える石川樹脂工業株式会社は樹脂製の食器・雑貨、工業部品、仏具等の企画製造販売を行う製造業の会社です。経営者が自らリスキリングを行い、従業員を抜擢し、リスキリングの結果、次々と新しいデジタル分野における事業の拡大を成功させています。多くの日本企業にとって学ぶべき素晴らしいリスキリングの成功事例となっています。

石川樹脂工業では、まず生産性を向上させるために、海外からの技能実習生の契約満了とともに、ファナック社の工場ロボットを導入しました。ファナック社から講習などのフォローアップを受けながら従業員の方のリスキリングを進め、現在ではロボットを作動させるプログラミングを、従業員の方々が行うようになっています。驚くべきことには、もともと全くロボット活用の知識も経験もなかった品質管理部の方を抜擢し、リスキリング機会を提供したのだそうです。

また２０１７年からはAmazonにおいてオンライン販売も開始したのですが、その際の運用担当者も、デジタルマーケティング未経験の、金型を担当していた20代社員を抜擢しています。ご本人がリスキリングに真剣に取り組んだことも、適性を見抜く経営者の力量も素晴らしいのですが、Amazonのサポートサービスを活用しながら忍耐強くリスキリング環境を整えたことが成果に結びついているのだと思います。驚くべきことに、このAmazonにおける販売は全社売上の10％を超える事業に成長しているそうです。

また、ＡＩや３Ｄデジタル技術を活用して、波を打ったような左右非対称の斬新なデザインを実現したＡＲＡＳ（エイラス）というオリジナルの新食器ブランドも立ち上げています。２０２０年３月の立ち上げ以来、Instagramではフォロワーが12万人を超え、海外展開も開始しています。

現在の本業にデジタルを取り入れ、新たな成長事業を創出し続けるという、会社、経営者、従業員がリスキリングによってアップデートし続けている、本当に素晴らしい取り組みです。

② 経済団体、労働組合による政策提言、リスキリング支援

リスキリングは、組織の新たな事業戦略に基づき、自社の従業員の雇用を守りながら職業能力の再開発を行うものであるため、経営者が集う経済団体や労働組合の支援が欠かせません。ジャパン・リスキリング・イニシアチブも、多くの経済団体、労働組合の方々からリスキリングに関する勉強

会や講演のご依頼をいただいています。まず経営者が自らリスキリングについて理解し、自社のリスキリングを進めていく最適な方法を模索するためにも、経済団体における活発な情報交換と学び合いの仕組みづくりが重要です。

また労働組合の方々には、雇用を維持しながら、自社において消失していく仕事から成長事業への社内労働移動を実現するために尽力していただいています。

❶経済同友会

全国各地の経済同友会では、2022年からリスキリングに関する勉強会が開催され、私もお手伝いをさせていただいています。特に注目すべきは、2023年4月に開催された通常総会において、新たに着任された新浪剛史(にいなみたけし)代表幹事より、リスキリング推進に向けた官民連携によるコンソーシアムの設立への取り組みが発表されたことです。トップダウンで経営者が人的資本投資を推進し、リスキリングに取り組む、具体的な展開が楽しみです。

❷経団連

2023年4月、経団連も「採用と大学教育の未来に関する産学協議会2022年度報告書」において、「産学協働で取り組む人材育成としての『人への投資』」をテーマにリスキリング推進の重要性について提言をしています。

また『月刊 経団連』2023年3月号では、「『人への投資』促進を通じたイノベーション創出と生産性向上の実現」をテーマに特集が組まれました。特に同号では、人的資本投資の重要性やリスキリングが取り上げられました。失業なき成長産業への労働移動を実現するべく、僕も諸外国の事例から、労使関係の変化がリスキリングを加速させていること、リスキリングの実践を促進する注目すべき手法と仕組み、日本におけるリスキリングの課題と解決策などについて寄稿、提言をさせていただきました。

❸商工会議所

全国各地の商工会議所でも、リスキリングについて学ぶ勉強会が開催され始めています。特に中小企業の会員が多い商工会議所には、自治体との官民連携の仕組みづくりによるリスキリング支援が期待されます。

東京商工会議所では、デジタル人材育成を目的とした「東商リスキリング応援メニュー」を用意し、2週間の無料体験や初期費用のディスカウント等の支援を行っています。

また広島県のリスキリング推進宣言制度を活用して、広島商工会議所が職員へのリスキリング支援の取り組みも開始しています。自らリスキリングを行った職員の方々が会員企業向けにリスキリング支援を行っていく好循環に期待をしたいと思います。

❹労働組合の動きと役割

急激な外部環境の変化、デジタル化の影響を受けて、現在のままの資本主義で生産性の向上を追求していくと、人間よりＡＩやロボットを採用して事業をやった方が良い、という結論に行き着く可能性が高いのではないかと思います。そのため、労働組合の役割もバージョンアップが必要になると考えています。

２０２３年2月に始まった春闘では、賃上げにおいては多くの企業で満額回答に至りました。連合（日本労働組合総連合会）の方針として、雇用を維持しながらリスキリングを実施していくことが大切だという話をおうかがいしました。特に連合では、リスキリング、従来型のアップスキリングや個人を支援するリカレント教育のそれぞれが大切だと考えているとのことでした。

また２０２３年には、産業別労組の皆さまのリスキリングへの関心も高まり、多くの意見交換会や勉強会を実施しました。各産業別労組の方々は自社の中で従業員の雇用を守りながら、就業時間内にリスキリングに取り組む体制づくりに関心が高く、今後リスキリングの定着に向けて大きな役割を果たしてくださることと期待しています。

③ 民間企業主導のリスキリング支援の仕組み

❶地方銀行の役割　～リスキリング・ローン商品の開発～

地方企業の経営者の方々とお話をしていると、従業員のリスキリング機会をつくってあげたいと思うものの、全員分の費用捻出が難しい、従業員のリスキリングを就業時間内に行うと、売上が下がるといった悩みをうかがいます。

そんな悩みに対し、地方銀行も地域のリスキリング支援において大きな役割が果たせると思います。特に人的資本投資の考え方に基づいて、人への投資を進めるとなると、従来の企業支援策である融資においても、新たな考え方が生まれます。

例えば、地方の中小企業がＤＸや脱炭素化に向けたＧＸに取り組む場合、設備投資が必要となり、金融機関からの設備資金の支援が欠かせません。その際に、ＤＸ、ＧＸに取り組む企業のリスキリングに対しては、従来型の1年返済の運転資金支援として考えるのではなく、人的資本投資として長期ローン、投資リターンが出るまで時間がかかるものとみなすことで、リスキリング・ローンといった形で企業のリスキリングを支援することができます。

特に官民連携の仕組みとして、このリスキリング・ローンが活用できるのであれば、例えば地方自治体が利子補給として金利を負担することで、リスキリングの導入を促進できます。また、信用保証協会がこのリスキリング・ローンを商品として扱ってくれれば、自治体による信用保証料負担などの支援も実施可能ではないかと思います。

現在、いくつかの地方銀行と自治体の間でこうした金融支援の仕組みを検討していただいています。

❷全国自治体リスキリングネットワーク

2023年5月に、45の自治体が参加し、ベネッセコーポレーションが支援する全国自治体リスキリングネットワークが発足しました。リスキリングに現在取り組んでいる、または導入を検討している地方自治体同士の事例や知見の共有、情報交換を目的とした仕組みです。

このネットワークでは自治体職員向けのリスキリングと、地域企業のリスキリング支援の2つを目的として、先進自治体や専門家による最新事例の共有や半期ごとの定期共有会の開催を通じてリスキリング支援を行います。

私も基調講演とワークショップでのアドバイザーを担当し、熱心にリスキリング支援に取り組む自治体職員の皆さまと意見交換をさせていただきました。これからの地域におけるリスキリング支援の具体策がとても楽しみです。

4 これからリスキリングに取り組む皆さまへ

正解と未来が分からない時代だからこそ、リスキリング

僕が2011年に自分自身のリスキリングを始めた時の動機は、純粋にテクノロジーを使って社会課題解決ができるようになりたいという前向きな理由でした。米国のNPOがテック活用で組織を大きくすることに成功する姿を見るようになったからです。ところが、2014年にマイケル・オズボーン教授の"The Future of Employment"を読み、人類が向き合う最大の社会課題は、人間の労働が自動化され、雇用が失われる技術的失業なのだと確信し、目的が変わりました。

それからは、今のままではビジネスパーソンとして生き残れないという危機感が、リスキリングに取り組む理由となりました。テクノロジー分野で何が起きるか知るためにリスキリングを始めたのです。実はその時の危機感と今回ChatGPTを使ってみて感じている危機感はあまり変わっていません。予期していたことが本当に起きつつあるということ、そして技術的失業を防ぐことをゴール

に自らリスキリングし、リスキリングの重要性を伝える立場になったにもかかわらず、まだまだ解決できていない課題が山積しており、焦燥感に苛（さいな）まれています。

一方で、自分がビジネスパーソンとして生き残れるかわからないという前提のもとで、あのときと同じ気持ちで、これからも自身のリスキリングに取り組まないといけないという危機感も、過去一番に高くなってきていることも事実です。

究極のゴールは、創る側に行くこと、デジタルスキルだけに限って考えると、「プログラミング言語を自由自在に駆使できる人」だと考えていました。ところがChatGPTがプログラミング言語を駆使して開発できる時代になれば、ＡＩがＡＩを作る時代が来ます。生成ＡＩが人類最後の発明だという話がありますが、ＡＩが発明していくことがＳＦの世界ではなくなってきているのです。

以前から、テクノロジーの進化で人間の労働が不要になり、遊んで暮らせるようなユートピアのような世界が来るという話がありました。生きていくための労働が不要な、不労所得の多い資産家の方たちにはそれが現実的な話になるのかもしれないと思う一方、生きていくために働かなくてはいけない僕たちには、仕事がなく、ベーシックインカムで最低限の生活をすることを受け入れる、もしくはやりたくない精神的に体力的に辛い仕事をやらざるを得なくなる、そんな「映画でよく見るような世界」が現実に迫ってきている可能性も否定できません。

それでも僕がリスキリングをしないといけないと改めて感じるのは、それが「**正解と未来が分**

からない時代だからこそ、今やるべきこと」だと思うからです。

多くの知的労働に携わってきた人の仕事は自動化されます。その自動化のスピードが急すぎて、人間のリスキリングの成果が出るスピードが追いつかず、大規模な技術的失業が起きることがいよいよ現実になりそうな現在、僕が大切だと思うことは、シンプルに「生き方の覚悟」を自分ですること、選択することだと考えています。選べるのは以下の3つのシナリオです。

1．成長を目指して必死にもがいて頑張る

2．現状維持、現実をあるがまま受け入れる

3．楽しみ重視、ネガティブな雇用環境の変化を受け入れる

僕は2011年にリスキリングを開始し、1を選択しました。51歳になった今なお、1を選択しようと思います。2は現実的には、少子高齢化、日本経済の停滞と衰退とともに自分の価値が低下していく可能性が高くなっていきます。将来的には、これまでのような経済状況は維持できなくなっていくと思います。3は仕事に対するウエイトを下げて楽しさを追求するという、ここ数年間で増えてきた価値観ですが、自分にふりかかってくるネガティブな雇用環境の変化によるダメージをもろに受けることになります。

２０２３年は人類の歴史を振り返ってみても、究極の転換点になるのかもしれません。1を選択する人に向けて、「リスキリングは終わらない旅」であることをあらためてお伝えしたいと思います。

なぜリスキリングには「不要論」があるのか

リスキリングという言葉が徐々に浸透してくることに比例して、リスキリング不要論も出てきました。さらにChatGPTを中心とした生成ＡＩの登場によって新たな不要論も出てきています。これについて考えてみたいと思います。

①リスキリングが不要だという意見の分類

❶リスキリングを誤って解釈している方

さまざまなタイプの誤った解釈が増えてきています。「従来の研修と同じなので不要」「常に学び続けているからリスキリングは不要」といった考えは、なぜ技術的失業が発生し、従来のアプローチでは雇用が維持できなくなるのかを理解していないが故に、誤解が正じるのだと考えます。

❷リスキリングがそもそも不要な方

将来に不安がない富裕層の方を含め、リスキリングに取り組む必要がない方は、多くの人には今後雇用を維持しながら生活していくために、リスキリングが必要だという視点が抜け落ちてしまっているのではないかと考えます。

❸技術の進化を正しく理解していない方

デジタル分野の進化を知らないために、自社への影響や自分の業務に起こり得る変化を見誤ってしまっている方も多くいらっしゃいます。「リスキリングをしなくても自分は大丈夫」という根拠のない自信を持っている方もとても多い印象です。

❹単に嫌悪感を持っている方

リスキリングをネガティブに解釈している方です。特にリストラとの混同が多く見られます。またデジタル分野に対する嫌悪感を以前から持っている方も強い拒否反応を示しています。デジタル分野の進化は止められないのですが、人間による努力や労働が大切という従来の価値観VS新たに台頭するデジタル技術、という比較軸は根強く存在しているように思います。

❺ソフトスキルの方が大事だと言う方

単にデジタル分野のリスキリングをやりたくない、サボりたいという方ほど、従来のリーダーシップやマネジメントスキルといったソフトスキルの方を重視して、リスキリングが不要だと言う方が特に中高年の方に多くいらっしゃいます。

ソフトスキルだけでチャンスを摑めるのは20代まで、若いうちだけです。一定の年齢以上になれば、ソフトスキルがあることは当たり前で、高度なハードスキルや専門性がないとチャンスをもらえません。特にデジタル分野が苦手な人ほど、リスキリングを否定し、ソフトスキルの重要性のみを強調します。それが日本の競争力を下げ、イノベーションが起きない大前提になってきたのではないかと思います。

デジタル化に出遅れている日本では、ソフトスキルがメインでハードスキル取得に関心の低い中高年が多いことも、不都合な真実だと感じます。ＡＩ時代にソフトスキルだけではこれからの仕事は成り立たなくなります。

❻本音と建前を使い分けている方

これはクライアントから聞いてとても驚いた事例です。学生時代に、「全然勉強していない」というアピールをしつつ実は陰でこっそり猛勉強をしている人がいたと思うのですが、それと同様に、社内では「リスキリングなんかいらない」といいつつ、転職を意識してこっそりリスキリングをしている人がいる、という話でした。

②生成ＡＩ（ChatGPT）はリスキリングを不要にするのか？

リスキリング不要論は果たして正しいのでしょうか？　結論からいうと、今後もリスキリングは必要だと断言できます。以下にその理由をお伝えします。

生成ＡＩによってリスキリングが不要になるのではなく、「生成ＡＩを使って仕事のやり方そのものを変える」ことが、リスキリングのプロセスそのものなのです。今ある職業がなくなるから、リスキリングはいらないという考え方ではなく、これから新しく生まれる職種、職業に就くための準備プロセスとして、リスキリングが必要なのです。「今存在しない仕事に将来就くための準備プロセス＝リスキリング」と言っても良いと思います。

皆さんに質問です。「生成ＡＩに関わる仕事はこれから増えるでしょうか、減るでしょうか？」。おそらくほとんどの方が、増えると考えると思います。では次の質問ですが、「今生成ＡＩに関わる事業の求人があったとして、必要なスキルを持っていますか？」。同じくほとんどの方が、「今は持ってない」と答えるのではないでしょうか。

つまり、現在の時点でＡＩに関わる経験、スキルがない方は、これから成長産業として雇用が増えていく生成ＡＩ分野の仕事にいきなりは就けないのです。今現在存在していない、これから生成ＡＩが進化するにつれて新しく生まれてくる職業に就くためには、現在の時点でＡＩ分野のリスキリングを開始していないといけないのです。これが「今存在しない仕事に将来就くための準備プロセス＝リスキリング」なのです。

具体例として、僕の実体験でお話ししてみたいと思います。例えば、ＡＩ分野の事業開発という業務は、今ではとても一般的になり、多くの求人が出ていますし、これができる人は多くの企業から引っ張りだこになっていると思います。ところが、僕が２０１９年にＡＩスタートアップに参画した際には、まだこのＡＩ分野の事業開発という分野を経験したことがある人がほとんどいなかったので、採用の段階では、ほぼ全員が「未経験者」だったのです。僕も採用された時に恐る恐る、「あの、人工知能の分野については自分なりに調べて勉強していますが、実務としての経験はないのですが」とお伝えしたところ、「あ、大丈夫です。みんな経験したことのない分野なので、全員手探りでやってますから」という明快な答えが面接官の方から返ってきて、とても驚いたものです。

実際に入社してからも、経験者が本当に少ないので、みんなで知恵を絞ってアイデアを共有して進んでいくことが当たり前でした。今振り返ってみれば、新しい価値を生み出していく中でスキルを身につけるプロセスそのものがリスキリングなのです。オンライン講座で学ぶことだけがリスキリングだと勘違いをしてしまっている方にはどうしてもイメージがつきづらいと思うのですが、本来のリスキリングは、道なき道を進むための過渡期のプロセスなのです。

また、僕が携帯電話から海外送金を行うモバイルペイメントというジャンルの仕事をしていた時も同様でした。２０１０年に資金移動業という銀行以外の業種でもお金を移動させることができるようになった際、前例がないので、国や弁護士と相談をしながら、仕事を進めていきました。この「前例のないなかサービスを創る」というプロセスそのものがリスキリングだったと思います。今では資金移動業者という業種の登録社数は80社以上になっており、２０２３年４月から解禁された賃金のデジタル払いをこの資金移動業者が担っています。

生き方の覚悟　～雇われる努力と雇われない努力を同時に行う～

ＶＵＣＡ時代、働く私たちにとっては決して明るい未来に関する情報ばかりではありません。「雇われる生き方」を選択するなら、これからどういう人材が雇われるのかを突き詰めて考え、必要とされるスキルを身につけていく必要があります。

①雇われる能力「エンプロイアビリティ」とは？

現在日本でもemployability（エンプロイアビリティ）についての議論が始まっています。エンプロイアビリティとは、働く私たちが雇用される能力を指しており、短い表現で言うと「雇われる能力」のことです。

具体的には、社内で雇われ続けるため、転職し社外で雇われるためと、大きく2つの方向性があるように思います。今までは上司に気に入られてチャンスをもらう等、社内での評価のみを考えていた人でもエンプロイアビリティは維持できました。

しかし前述のように、雇用の流動化に日本社会が大きくシフトしていく中、働く個人のエンプロイアビリティを向上させることが必要となってきて、特に自分の雇用を維持するためには、社外でも通じる「雇われる能力」の重要性も高まってきています。

②海外で注目され始めた「エンプロイアビリティ・スキル」10選とは？

2022年から海外で、employability skills（エンプロイアビリティ・スキル）についての注目が集まっています。これは、短い言葉で表現するなら「雇用可能スキル」「雇われるために必要なスキル」です。テック企業での大規模なレイオフや景気減速に関する報道を見て、自分の「エンプロイアビリティ」を高めるために注目されているのだと思います。

米国Indeed社によれば、雇用主が価値を見出すエンプロイアビリティ・スキルについて、以下の10個を挙げています。

コミュニケーション、チームワーク、信頼性、問題解決能力、体系化&計画力、イニシアチブ、自己管理、リーダーシップ、学習能力、テクノロジー

組織で優秀だと評価される多くの方々は、この10個のエンプロイアビリティ・スキルを高いレベルで持っているのではないでしょうか。言い換えれば目新しいものではなく、従来必要とされているスキルで、日本においては特に、「学習能力」の強化が必要となってきているため、リスキリングに注目が集まっているのでしょう。

僕があえて11個目を挙げるなら、「自分自身をリスキリングし続ける」スキルを入れたいところです。

③リスキリングで「雇われない能力」もあえて高める

社内におけるエンプロイアビリティを高めるためには、会社の新しい事業戦略に基づいてリスキリングを行い、成果を出していくことが分かりやすい指標になります。しかし雇用が不安定になる可能性のあるベテラン中高年の方々には、一つの選択肢として、あえてリスキリングを通じて「雇われない能力」も高めていくことが、自分の雇用を維持するための市場価値を高め、競争力を保つための良い結果につながるのではないかと考えます。

言い換えれば、組織に残留する努力と、組織を出ても通用するスキルを身につける努力を行うということです。自分の好きなこと、向いていることを起点に個人事業主、フリーランスになることを真剣に考え、何で自分はお金がもらえるのか？　またやってみて「このままではお金がもらえない」という事実に気づくこともとても大切です。なぜならそこからの学びで、市場で求められているものと、自分が提供できるもののギャップに気づき、軌道修正ができるようになるからです。

個人事業主として「雇われない努力」を始める方にとっては、エンプロイアビリティは「報酬を払ってもらえる能力」と置き換えることができますが、これを高めるための4つのアプローチをご紹介します。すべて僕自身が経験し、結果的に良かったと思うものです。

❶自分の能力をプロセスに分解することにより捉え直して再評価する

すべての仕事のプロセスをオールラウンドにできることが日本の総合職という職種では求められています。調査、企画、予算、オペレーション、チーム運営など、得意不得意があるにもかかわらず、完璧を求められます。実はこれが多くの人にとって不幸のもとなのではないかと、ずっと感じています。社内での異動や転職の際には、特定のポジション単位での募集があり、このすべてを均等にこなせる人が前提となっており、自分をポジションに合わせていくことが必要になります。

これを、仕事のプロセスで切り分けし、自分の得意なところだけを引き受ける形に再編してみてはどうでしょうか。例えば、最初のリサーチだけをやる、企画だけをやるといったイメージです。これを集めていくと、個人事業主として成立するようになります。1社10万円なら5社で50万円です。

僕は海外進出や日本進出の最初の立ち上げの部分を支援する業務を新型コロナウイルス感染症が広がってから始めました。理由は、僕は細かいオペレーションなどが苦手であるため、事業アイデアが軌道に乗ってくると、正確なオペレーションなどが求められるようになってきて、アウトプットのレベルが下がり、急激に面倒になって興味を失っていく傾向にありました。

そのため、ゼロからイチを生み出すフェーズを一気に構築した後は、それを上手に拡大させられる方とパートナーを組み、自分の得意なところだけをやればいいという境地に辿り着きました。これは全方位をそつなくこなすいわゆる正社員的な働き方に僕は向いていないという気づきが原点です。この場合最初のステージが終われば契約は終了し、また新しい案件を探してゼロから関わらなければならないので、大変だと思う方もいらっしゃるかもしれませんが、自分の性格に合っているので、苦ではなく、楽しいのです。

ぜひ、自分の得意なプロセスだけを切り取って、集めて、楽しく仕事が継続できる可能性を追求してみてください。見える景色が変わってくると思います。

❷働く地域を広げる、1か所に限定しない

特に東京や大阪といった大都市は、競争が激しく、必要とされている職種やスキルでも、飽和状態になっている可能性があります。

一方で、多くの地方では現在、人が足りなくて困っている企業がたくさんあります。大都市に比べ、1社の仕事だけでは単価が下がるとしても、複数社の仕事を請け負うことができれば、収入が安定します。

❸外国語を習得し、海外とのプロジェクトを視野に入れる

日本にいて、日本語だけで仕事をすることは、少子高齢化に突き進む日本においては、普通に考

えればプラス材料ではありません。前述のように、労働力が減少していき、生産性を高めるためにデジタルトランスフォーメーションが進むと、人間に残る仕事の種類も限定的になっていく可能性が高くなります。

現在持っているスキルを活かし、またリスキリングすることで、外国とのプロジェクトに参画できるようになり、自分の価値を高めることができます。

❹出稼ぎの準備をする

新型コロナウイルス感染症が広がる前の2019年、訪日外国人は過去最多の推計3188万人を記録しました。訪日規制が緩和された2023年4月には、月間で推計195万人まで回復し、日本は特に観光や文化面で海外からの注目を集めることができています。

しかし、2022年12月の日本人のパスポート所有率はなんと17%まで低下しているのです。もちろん、パスポートが切れてしまったという方もいらっしゃると思いますが、実はコロナ前の2019年においても、日本人のパスポート所有率は23%しかないのです。

ここから読み取れることは、日本には多くの価値があるにもかかわらず、言語や国民性の影響もあり、海外渡航を前提に動ける人の割合が相対的に少ない、ということです。

最近になって、海外で「出稼ぎ」をしている日本人についての記事をメディアで頻繁に見るようになりました。これは同じ仕事をするにしても、もらえる給与の金額が格段に増えるので、言語の壁がありながらも出稼ぎという手段に至っているわけです。

今までは海外の多くの方たちが日本に出稼ぎに来ていましたが、これからは日本人も給与の低い日本に留まらずに海外で稼ぐということも、少子高齢化の進む日本の一つの未来の働き方になるかもしれません。

リスキリングが浸透した2033年の日本の未来

リスキリングの定着に向けて、現在様々な課題が山積みの状態ですが、最後に僕が考えるリスキリングが大きく日本の未来を変えるシナリオを、架空の話にはなりますが書いてみたいと思います。

今日はとあるスタートアップが米国ナスダック市場で上場する日だ。シニア向けに最適化されたAI、シニアの動作補助を自動で行う介護ロボット分野を主軸にした企業である。

創業者の栗鼠桐子が起業したのは60歳の時、50歳からデジタル分野のリスキリングを開始して、10年後のことだ。

桐子の会社は、今では介護ロボットの世界シェアの45%を占め、デスクレス・テクノロジー分野の最大手として世界中から注目されている。特に、少子高齢化の進む中国やシンガポールにおける事業を拡大し、米国における上場に漕ぎ着けたのである。驚くべきことに、従業員の7割が70歳以上で、かつ全員がリスキリング経験者である。

合言葉は、「自分たちに必要なものは、自分たちで創る」だ。創業者の桐子は人生4度目のリスキリングを行って、グローバル、グリーン、デジタルに続き、宇宙事業に取り組み始めている。

このようなスタートアップが日本で活躍できるようになった理由の一つとして、Longevity Technology（長寿テック）の著しい進化とリスキリングの浸透が大きい。人類の寿命は更に長くなり、「60 is the new 40（現在の60歳は昔の40歳くらい）」という言葉が更に、「70 is the new 40（現在の70歳は昔の40歳くらい）」と言われるようになってきている。

そして日本はリスキリング施策の成功により、デジタルスキルを持つ人口が10倍になった。特にシニア層でデジタル分野において活躍する人材が増え、海外で活躍するシニア層が増加しているのだ。シニア海外協力隊の上限年齢は69歳だったが、上限撤廃に向けて法改正が進んでいる。

リスキリング後進国であった日本がリスキリング先進国としてシニア人材が活躍できるようになったのは理由がいくつかある。

1つ目の理由は、2033年の日本は、労働力不足かつ経済が縮小していく人口減少社会の逆境と向き合い、シニア人材の活躍による労働力の確保によって高齢者向けビジネスを次々と成功させたことだ。

日本は現在、シニア活躍を実現した世界におけるロールモデル国家となっている。高齢者をリスキリングするためのコンサルティング事業や、デジタルスキルを持った高齢者が中心となっているシニアスタートアップが活躍をしている。その理由は、セカンドキャリアを迎える前から外部環境の変化に合わせてリスキリングを行い、成長事業を生み出しているシニア層の存在だ。少子高齢化が顕著になり始めた諸外国において、やる気を失った中高年のリスキリング支援など、日本のノウハウ移転が海外でさかんに行われているのだ。

2つ目の理由は、諸外国でのリスキリングの議論や最新手法の導入の是非を早い段階で研究・議論した上で、上手に取り入れて、日本流に応用することができるようになったからだ。海外のある国では、過去に一部の先進国で既に廃止されたエクストリームメリトクラシー（極端な功績・実力主義）を信奉し続けた一部のエリート政治家や官僚が、スキルの陳腐化した中高年労働者の解雇を法制化した結果、セーフティーネットの欠如により、様々な社会問題が勃発している。精神を病んで薬物依存になる人、責任感が強く人を頼れずにホームレスとなる道を選ぶ人、支援が行き届かなかったことへの社会に対する積年の恨みを晴らそうとする人。その結果、各地で治安が悪化し、各地で小売店が撤退し、ゴーストタウンと化している。

そのため、現状を打開していくための施策として、改正リスキリング基準法案、通称「スキル平等法」が議会で審議されている。これはリスキリング手法の進化系として、「ＢＣＩ（Brain Computer Interface）」を利用して脳にスキル情報をダウンロードすることの是非を問うものだ。もし法案が通過すれば、個人が自由に保有したい新しいスキル情報を脳内に取り込むことが可能となる。例えば、統計学が苦手な人がスキルライブラリに統計学の情報をダウンロードすることで、例えばＡＩ分野で活躍することも可能になるのだ。

映画『マトリックス』の公開から30年以上を経て、ついに人間の脳のアップデートが可能な時代が到来するかもしれないという、人間の能力を拡張させていく期待がある一方、倫理的な問題も含めて賛否両論の議論が巻き起こっている。

反対派は、「スキル平等法」は倫理的問題と人間同士で足りないスキルは補完すべきであるという考え方のもと、対案として「スキル・パートナリング制度」の導入を進めようとしている。これは、1つのジョブに対して1人で全てのスキルを充足できない場合に、その苦手なスキルを逆に得意とする別のもう1人と補完し合う仕組みだ。足りないスキルを持つもつ人間同士で補完し合うことで、お互いの違いに気づき、尊敬・尊重する重要性に気づく手法として、ワークシェアリングやスキルシェアリングの進化系として注目されている。しかし先天的優位性の高い脳を持つ一部の国民たちが既得権益である「Brain privilege（優秀な頭脳を持つ特権）」を守ろうと必死になっているだけだと、『Skill Insider』誌が報じている。

「スキル平等法」の賛成派は、先天的に学習障害を持った国民の社会参加を妨げるものであり、誰もが自由にスキル情報を脳にダウンロードし、自分の望むスキルを使いこなす平等な社会を目指すべきだと主張している。しかし、人間の本来の努力や学習といったものを損ねるものであると『スキル・ジャーナル』誌は批判をしている。

これに対し、ダウンロードした情報をどのように使うのかという判断は人間にしかできないため、従来のリスキリングは不可欠であり、あくまでも足りないスキルを補完するための手法であると「スキル平等法」の賛成派は説明している。

日本でもこれらの議論を注視し、すでにＢＣＩやスキル・パートナリング制度についての研究や議論を始めている。

そして3つ目の理由は、国、自治体、企業、働く個人が一体となって成長事業を生み出すためにリスキリングに取り組んだことだ。

国家戦略として新しく設置された「リスキリング庁」では、初代リスキリング大臣である栗鼠桐郎が、様々なリスキリング推進策を成功させている。

栗鼠桐子を母にもつ桐郎は、「まずは日本式にこだわるプライドは捨てて、最先端のベストプラクティスを徹底的に学んで真似て、新しい価値を創る。日本式はそれから」という母の教えを体現するかのように、リスキリング先進国であるシンガポールへ留学、日本の雇用制度改革に着手をしている。

従来の政策と大きく異なる点は、リスキリングを働く個人のやる気のみに委ねるのではなく、企業が実施責任を持つように制度設計を行なったことだ。自社の従業員向けにリスキリングの機会を提供しない企業には、従業員一人当たり年間60万円の納付金が課せられるようになり、厳しく監視されている。帰宅後や週末に個人の責任でリスキリングに取り組めと命令されていた10年前の習慣は過去のものとなっている。

また欧米で先行していた「Skill-Based Organization（スキルベース組織）」という、スキルに基づいて雇用を維持し、組織をデザインしていく制度に移行したことが挙げられる。これはリスキリングを行い、高いスキルを持つ従業員が評価をされる公平性の高い制度である。年功序列や学歴といったものとは無縁なフェアな仕組みとして運用されている。

このスキルベース組織の進化を支えているのが、「スキルの予実管理」という制度だ。将来必要となるスキル予測と、実際に需要が高いスキルを管理するもので、企業が毎年、予算と実績を比較して分析を行うのと同様、将来必要となるスキルと実際に運用されているスキルのギャップを正確に把握するのだ。理想の経営を実現するために従業員のスキルのアップデートを実施し、成長事業を担う人材を育成し続けている。

特に、従業員規模が1000名を超える企業については、チーフ・リスキリング・オフィサーの設置が義務付けられており、政府が毎年発表する「Future Skills（将来必要となるスキル）」の指針に基づいて、自社に必要なスキルを予測し、スキルの予実管理を行っている。

このスキルの予実管理の制度を支えているのが、従業員のスキルの寿命を予測し、予めアップデートできるように、全国民が保有している「Skill Passport（スキルパスポート）」だ。

このパスポートは労働者の持つスキル情報を管理するため、マイクロチップが搭載されている。これはかつてプラスチックカードで運用されていたマイナンバーカードがソフトウェア化され、マイクロチップとしてスマートグラスなどのウェアラブル端末に搭載可能になっている。

そしてスキルパスポートは10年ごとの更新が義務付けられている。政府が新しく運用を開始した「スキルドック制度」では従業員の診療が義務化され、学校を卒業してから10年ごとにスキルチェックを受ける。ここではリスキリングを成功させた精鋭部隊である「スキルコンサルタント」が将来必要となるスキルについてのアップデートを行ってくれる。経験豊富な多くのシニア人材がスキルコンサルタントとして大活躍をしている。

労働者の転職については、NFT化したスキルパスポートがスキル市場である「NASDAQ（National Association of Skills Dealers Automated Quotations）」において流通しており、スキルベース雇用が実現されている。

スキル市場ではAGIが管理するアルゴリズムによってスキルマッチング理論が確立され、分散型自立組織DAOが進化した、「DASO（Decentralized Autonomous Skill-Based Organization）」に注目が集まっている。これは高度なスキルを持つメンバーがプロジェクトへの貢献度合いに応じて報酬をもらう組織の運用制度だ。

スキルマッチング理論の浸透によって、スキルマッチングプラットフォームに登録している労働者たちの間では、「解雇」や「失業」という概念がなくなろうとしている。自分のスキルの市場価値に応じて、全国のスキル需給ギャップの解消に向けたオファーが絶えず届くようになっているからだ。

労働者のスキルの市場価格を算定し、スキルマッチングの最適化を担う「スキル・ディーラー」は、デジタルと人間を繋ぐ共生社会を目指す若者たちの人気職種となっている。また全世界で新しく生まれている「emerging skills」を発掘してくるオンライン番組『世界スキル発見！』で活躍する「スキル・ハンター」は誰もが幼い頃に憧れる仕事になっている。

働く個人がリスキリングを行いやすくなった理由として、パーソナライズド・ラーニングという、ＡＩを活用して徹底的に働く個人の先天的な特徴や性格、生きていく上での価値観などを実現していくために行われる学習手法が全国に浸透したことも大きな変化だ。画一的に教室で同じ内容の教育を受けていた時代には、集団学習に適応できなかった子どもたちや、教育の機会を平等に与えられなかった子どもたちに対しての機会損失があった。パーソナライズド・ラーニングの浸透により、スペシャルギフトを起点に能力を伸ばすことができるようになり、大人の学習についても自分の強みを起点にリスキリングに取り組み、組織への貢献と個人の自己実現ができるようになったのだ。

そして個人のライフステージに応じて、産休や育休、大学院進学、病気の療養、長期休暇などで仕事から離れても、国や組織が個人のリスキリングを支援する体制が整っているので、自分の保有スキルの状態を把握し、スキルをアップデートするためのアドバイス、リスキリング機会を無償で受けることができるようになっている。職場復帰後に自由に新たなキャリアパスを描き、安心して適切な業務に就くことができ、個人が多様な働き方や生き方を選択していくことが可能になったのだ。

長年人類は人種、性別、学歴、外見、年齢等、様々な差別と向き合い、equity（公平性）を実現するための議論を重ね、格差解消に努力を重ねてきた。

以前の日本は、「消滅可能性国家」になると著名な起業家から揶揄されるほどだったが、国、自治体、企業、働く個人が一体となってリスキリングに取り組んだ結果、現在では誰でも希望の職種に就けるまで、リスキリングを通じて何度でも挑戦が可能な「挑戦可能国家」と呼ばれるようになったのだ。

「リスキリングが浸透した２０３３年の日本の未来」いかがでしたでしょうか。

現在の日本においては、このまま何もしなければ、決して明るい未来は待っていないのではないかと思います。そのため、このシナリオでは、まだ日本において議論になっていない架空の話も多く取り入れて書きました。

僕は、リスキリングには日本と働く私たちの未来を変える大きな力があると信じています。これから国民1人ひとりがリスキリングに取り組み、企業が成長産業を作り出し、国や地方自治体がそのための支援を行うことで、日本の未来は変わっていくのではないでしょうか。

誰もが希望の仕事に就くことができる「キャリアの民主化」を実現すべく、これから一緒にリスキリングに取り組んでいきましょう！

おわりに

前作は光栄なことに本当に多くの方に読んでいただくことができ、たくさんの感想を頂くことができました。その中でも特に多かったのが「おわりに〜死を意識したどん底から這い上がる」を読んで衝撃を受けましたというものでした。

僕の40代は本当に苦しく悲惨なものでした。40代で会社を3回クビになり、4年前にはうつ病とパニック障害を併発し、危うく一線を越えるところまでいきました。こうした苦難を乗り越えて、デジタル分野へのキャリアチェンジを実現するべく、10年かけて自分をリスキリングしてきました。そして僕がみなさんのお役に立てることは何かと考え、前作『自分のスキルをアップデートし続けるリスキリング』を上梓させていただきました。お世話になっている皆様に、この場を借りて改めて心より感謝申し上げます。

何より嬉しいのは、自分の人生に悲嘆して諦めかけていた40代から始めたデジタル分野の10年間のリスキリング経験やスキルが、50歳になってこれから世の中で役に立つことができるんだという想い、新たな希望でした。

2018年からリスキリングを広める活動を始めて今年で6年目になります。振り返ってみますと、ここ3年は以下のような年だったと思います。

2021年：リスキリングという畑を作って耕した年
2022年：耕した畑にたくさんの種類の種を巻いた年
2023年：巻いた種から発芽した芽を大切に育てる年

前作の書籍を上梓して以来、日本におけるリスキリングの流れは1年で大きく変わりました。

2022年10月には、岸田首相が所信表明演説でリスキリングに取り組むとの発表がありました。それを受けて多くの地方自治体でもリスキリング支援に向けた勉強会なども始まり、具体的な施策づくりに向けた推進協議会なども官民連携で始まりました。

また、多くの企業がリスキリング推進に向けた製品やサービスを開始しています。僕が日本代表を務めているSkyHive Technologiesは、ベネッセホールディングスとの資本業務提携を締結しました。

日本においてはメンバーシップ雇用からジョブ型雇用に移行する流れが始まっていますが、これからは欧米のようにスキルに基づいたスキルベース雇用に移行する企業が増えていくのではないかと考えています。そして、伝統的な日本企業がリスキリング分野を成長事業と捉えて、ビジネスとして異業種参入する動きも新たに始まっています。なかには無償のサービスもあり、やる気と時間さえ捻出できれば、誰でもリスキリングに取り組むことができる環境が、少しずつ整いつつあるのではないかと思います。

それにあわせて、僕自身の活動内容もこの1年で大きく変わってきました。多くの方に支えていただきながら、テレビ番組に出演してリスキリングについて解説をしたり、メディアからの取材依頼、ビジネス系媒体や経済誌などへのリスキリングに関する寄稿の依頼なども担当させていただけるようになりました。そして地方自治体、上場企業から中堅企業、労働組合まで、様々な組織からリスキリングに関する研修や講演依頼をいただくようなりました。なかでも２０２３年5月には、インドネシア政府からのご招待でリスキリングに関する国際会議での基調講演を担当させていただきました。ＴＯＥＩＣ３８０点から社会人生活を始めて、グローバル分野のリスキリングに取り組み始めてから約25年かかりましたが、自分の人生で一つ目標にしていた英語での講演という目標が叶いました。

そんな中で、２０２３年2月、ＮＨＫの「クローズアップ現代」でリスキリングを取り上げたいとのご依頼をいただきました。産休・育休中のリスキリングに関する報道で、リスキリングについてネガティブな印象が広がっていた時期で、気持ち的にはメディアの取材を受けられるような状態ではなかったのですが、迷いつつも取材協力と番組連動のＷｅｂ版でリスキリングの解説を担当させていただきました。

実際の放送を見ていた時のことです。リスキリングがどのようにメディアで取り上げられるのか、とても複雑な気持ちで番組を見始めました。生活困窮に陥りやすい母子家庭のお話が映像で流れてきました。２人の子どもを育てるために複数の仕事を掛け持ちして深夜まで働く、城間ちあきさんのお話でした。

「もうここから脱出したい。このどん底から脱出したい。何かのきっかけがあれば本当に自分を変えたい気持ちでした。」

(「『リスキリング』で収入増!?在宅勤務も可能に？　沖縄・糸満市の シングルマザー就労支援事業とは」ＮＨＫみんなでプラス)

そして沖縄県糸満市が主催する「糸満でじたる女子プロジェクト」に出会い、リスキリングに取り組むチャンスに出会ったのです。

パソコンの電源すら最初に入れられなかったという城間さんが、ＩＴスキル等を身につけ、以前の時給が1000円だった時代から2200円になり、在宅勤務ができるようになって、子どもたちと過ごす時間も増え、一緒に夕食も取れるようになったそうです。そして、次男の結日さんは、

「前は、お母さんの帰りが遅くて、料理もできないからご飯に塩をつけて食べることが多かったけど、今はお母さんと毎日一緒に夕飯を食べることができる。前はテレビ見るだけでさみしかったけど、いまはお母さんと話しながら食べることができるから、夕飯が楽しい。」

（「『リスキリング』で収入増!?在宅勤務も可能に？　沖縄・糸満市の シングルマザー就労支援事業とは」ＮＨＫみんなでプラス）

と言い、そして最後に城間ちあきさんが次のように言われたのです。

「（中略）生活が安定すると、自分にも自信が出るので、やっぱり何か意欲が出てくるじゃないですが。あれもこれも挑戦したい気持ちが出てくるので、リスキリングのおかげで今の生活があるので、本当に感謝です。」

（「『リスキリング』で収入増!?在宅勤務も可能に？　沖縄・糸満市の シングルマザー就労支援事業とは」ＮＨＫみんなでプラス）

産休・育休中のリスキリングが炎上中だった真っ只中、僕は予期せぬ城間さんからの「リスキリ

ングへの感謝」という番組でのメッセージに、不覚にも涙が止まらなくなってしまいました。そして、自分が何のために、日本でリスキリングを定着させるという活動を始めたのか、その原点に立ち返ることができました。

その日をきっかけに気持ちが入れ替わり、世間ではリスキリングに対する誤解や批判も続いているけれど、自分にできることを信じてコツコツ活動を続けようと思えるようになりました。リスキリングを議論から実践へ、そして競争から共創へと導き、始まった多くの取り組みを大切に成長させていくべく、これからも関係各者の皆さまと共にリスキリングの定着に向けて邁進していきます。

前作の最後に、米国の心理学者ウィリアム・ジェームズの言葉を紹介させていただきました。

心が変われば行動が変わる。
行動が変われば習慣が変わる。
習慣が変われば人格が変わる。
人格が変われば運命が変わる。

ある日ふと、これはリスキリングにも当てはまるのではないか、と気付きました。本書籍の章立ては、以下のようになっています。

第1章：マインドセット
第2章：学習
第3章：スキル
第4章：職業

この章立てに合わせて、上記のウィリアム・ジェームズの言葉に当てはめてみると、

心（マインドセット）が変われば行動（学習）が変わる。
行動（学習）が変われば習慣（スキル）が変わる。
習慣（スキル）が変われば人格（職業）が変わる。
人格（職業）が変われば運命が変わる。

マインドセットが変わって、学習に取り組み、そしてそれが習慣となってスキルとして身につく。

新しいスキルを身につけることで、新しい職業に就くことができるようになります。そしてこれから未来に生まれる新しい職業で活躍できるようになることで、自分の将来の選択肢を増やし、自ら自分の運命を切り開いていくことができるのです。自分のスキルをアップデートし続け、そして「**新しいスキルで自分の未来を創る**」リスキリングは、自らの運命を切り開いていくためのものなのです。

この本を手に取ってくださった皆さまがリスキリングを実践して成長し、より社会人として幸せな時間を送れるようになるお手伝いができたなら、これ以上の喜びはありません。

後藤宗明

主な参考文献

・「The Future of Jobs Report 2020」World Economic Forum

・「The Future of Jobs Report 2023」World Economic Forum

・蛯谷敏「『Growth Mindset』コロナ時代を生き抜くリーダーの必須思考」LinkedIn News

・「プロジェクトマネージャーに必要な20のスキル」Indeedキャリアガイド

・「Skills aren't "hard"or "soft. They're durable or perishable」Guild　Education

・「Global Skills Report2021」Coursera

・「joshbersin.com」

・「UNDERSTANDING THE EMERGING SKILLSTECH LANDSCAPE」Northeastern University College

・「HR Technology Planning Imperatives for 2023 and Beyond 」Gartner

・「What Is Skill-Based Pay? (With Benefits and Disadvantages)」Indeed Career Guide

・「ニューホライズンコレクティブ合同会社」

・「日本の将来推計人口（平成29年推計）」国立社会保障・人口問題研究所

・「解雇無効時の金銭救済制度に係る法技術的論点に関する検討会　報告書」厚生労働省

・「The OECD indicators: Strictness of regulation of individual dismissals of regular workers」OECD

・「Laid Off Tech Workers Quickly Find New Jobs」The Wall Street Journal

・「Survey of Recently Hired Workers」ZipRecruiter

・「人工知能、料理界に進出：IBMの『シェフ・ワトソン』」WIRED

・「The Potentially Large Effects of Artificial Intelligence on Economic Growth (Briggs/Kodnani)」Goldman Sachs

・「AIが5年で代替へ、バックオフィス職の30％－IBMのCEO予想」Bloomberg

・「ChatGPTで広告会社の組織激変、サイバーでは30人以上いたディレクターがゼロに」日経クロステック

・Carl Benedikt Frey and Michael A. Osborne「The Future of Employment: HOW SUSCEPTIBLE ARE JOBS TO COMPUTERISATION?」Oxford Martin School

・「『ChatGPTと共生せよ』オズボーン・オックスフォード大教授が語ったリスキリングの必要性」Business Insider Japan

・「データで読み解くポストコロナへの人材戦略」三菱総合研究所

・「未来予測2040 労働供給制約社会がやってくる」リクルートワークス研究所

・「The Rise of the Deskless Workforce」Emergence Capital

・「人材開発支援助成金（事業展開等リスキリング支援コース）のご案内」厚生労働省

・「As a video about white privilege goes viral again, experts caution it could actually cause more damage」

・「リスキリングは『お金を理由に諦めた』――スキル取得にも"年収格差"の実態」ITmedia ビジネスオンライン

・「東大生の親の年収『1千万円以上』が40%超　世帯収入が高い家庭出身の学生が多い理由」AERA

・「スクーがメルペイと共同でリスキリングを支援する『みんなのリスキリング』を開始」Schoo

・「糸満でじたる女子プロジェクト」でじたる女子コンソーシアム

・「Employability Skills: 10 Examples of Skills Companies Value」Indeed Career Guide

・「『リスキリング』で収入増!?在宅勤務も可能に?　沖縄・糸満市のシングルマザー就労支援事業とは」NHKみんなでプラス

〈著者紹介〉

後藤宗明 ごとう・むねあき

一般社団法人ジャパン・リスキリング・イニシアチブ　代表理事／チーフ・リスキリング・オフィサー

SkyHive Technologies日本代表

早稲田大学政治経済学部卒業後、1995年に富士銀行（現みずほ銀行）入行。2002年、グローバル人材育成を行うスタートアップをNYにて起業。2011年、米国の社会起業家支援NPOアショカの日本法人設立に尽力。米国フィンテック企業の日本法人代表、通信ベンチャーのグローバル部門役員を経て、アクセンチュアにて人事領域のDXと採用戦略を担当。2021年、日本初のリスキリングに特化した非営利団体、一般社団法人ジャパン・リスキリング・イニシアチブを設立。2022年、AIを利用してスキル可視化を含むリスキリング・プロセス支援を行う米国のSkyHive Technologiesの日本代表に就任。

石川県加賀市「デジタルカレッジKAGA」理事、広島県「リスキリング推進検討協議会／分科会」委員、経済産業省「スキル標準化調査委員会」委員、「日経リスキリングコンソーシアム」ボードメンバー、英Economist誌主催「Economist Impact's Advisory Panel on Green Skills」アドバイザー、山形県 21世紀山形県民会議「DX山形経済再生、コロナの先へ」アドバイザー、リクルートワークス研究所 客員研究員を歴任。日本全国にリスキリングの成果をもたらすべく、政府、自治体向けの政策提言および企業向けのリスキリング導入支援を行う。

インドネシア政府主催「Future Skills Summit2023」、沖縄県所得向上応援企業認証制度認証式、日本経済新聞社主催「日経リスキリングサミット」では岸田首相との車座対談にも登壇する等、講演多数。また、「クローズアップ現代」「漫画家イエナガの複雑社会を超定義」（以上、NHK）、「ノンストップ！」（フジテレビ）などのテレビ番組でもリスキリング解説を行い、ダイヤモンド・オンライン、東洋経済オンライン、月刊経団連などの媒体などにも寄稿多数。

著書である『自分のスキルをアップデートし続ける リスキリング』（日本能率協会マネジメントセンター）は「読者が選ぶビジネス書グランプリ2023」イノベーター部門賞を受賞。

新しいスキルで自分の未来を創る
リスキリング【実践編】

2023年9月10日　初版第1刷発行

著　者 —— 後藤宗明

発行者 —— 張 士洛
発行所 —— 日本能率協会マネジメントセンター
〒103-6009 東京都中央区日本橋2-7-1　東京日本橋タワー
TEL 03（6362）4339（編集）／03（6362）4558（販売）
FAX 03（3272）8127（編集・販売）
https://www.jmam.co.jp/

装　　丁 —— 井上新八
本文デザイン・DTP —— 有限会社北路社
印 刷 所 —— 三松堂株式会社
製 本 所 —— 三松堂株式会社

ISBN 978-4-8005-9140-1　C2034
落丁・乱丁はおとりかえします
PRINTED IN JAPAN